Cuba, una Isla entre la Apatía y la Revolución

José Gabriel Barrenechea

Prólogo: Mario Félix Lleonart Barroso

Cuba, una Isla entre la Apatía y la Revolución

José Gabriel Barrenechea

Prólogo: Mario Félix Lleonart Barroso

© José Gabriel Barrenechea, 2020

Reservados todos los derechos de la presente edición.

All rights reserved.

Prólogo y Edición: Mario Félix Lleonart Barroso

COLECCIÓN: #BerlinWall30

Patmos Ediciones

1050 Connecticut Ave NW. #65600,

Washington DC, 20035-5378

info@institutopatmosonline.org

ISBN: 9781654240271

Patmos Ediciones es el brazo editorial del Instituto Patmos, una organización no gubernamental sin fines de lucro dedicada a monitorear y defender las libertades religiosas, la libertad de expresión, la incidencia política y la promoción de los derechos humanos.

ÍNDICE

PRÓLOGO...9

NACIONALISMO Y CAMBIOS 11

EL GOLPE DE ESTADO DE 1952 Y NUESTRA SOBERANIA NACIONAL...25

¿POR QUÉ SE FUE A BOLINA LA GENERACIÓN DEL 30?.....................33

LA VIOLENCIA ARMADA COMO ESTRATEGIA DEL COMUNISMO REPÚBLICANO.........43

NATURALEZA DE LA REVOLUCIÓN CUBANA............59

LA CUESTIÓN DE LA UNIDAD EN NUESTRAS GUERRAS DE INDEPENDENCIA.........67

EL PAPEL DE LATINOAMERICA EN LA INDEPENDENCIA DE CUBA…....73

JOSÉ MARTÍ Y FIDEL CASTRO. DOS VISIONES ENCONTRADAS SOBRE LOS DESTINOS DE CUBA Y SU POSICIÓN EN EL MUNDO......83

EL MITO DE MARTÍ: ENTRE LA VOLUNTAD Y LA ECONOMÍA...89

CÉSPEDES Y AGRAMONTE, VISTOS POR JOSÉ MARTÍ. 97

LA CARTA INCONCLUSA DE MARTÍ A MANUEL MERCADO......107

LOS INTELECTUALES CUBANOS Y SU "COMPLEJO DE CULPA" ...115

LAS TRES FORMAS DE LA IDEA DE CUBA... 123

DESENVOLVIMIENTO HISTÓRICO DE LA IDEA INDEPENDENTISTA: DE VARELA A MARTÍ... 129

LAS DOS TRADICIONES MODERNIZADORAS DE LA CUBANIDAD...151

EL MITO DE LA ANCESTRAL LABORIOSIDAD DEL CUBANO... 157

LOS ESTADOS UNIDOS CONTRA LA ANEXIÓN... 173

LOS EE. UU. Y LAS REVOLUCIONES CUBANAS...187

LA SOCIOLISTA GENERACIÓN DE 1793...199

LAS PROFUNDAS RAÍCES HISTÓRICAS DE NUESTRO SOCIOLISMO... 203

UNA PELEA CUBANA CONTRA LOS DEMONIOS DEL BUROCRATISMO... 227

FIDEL CASIANO CASTRO RUZ, O LA REFUNDACIÓN DEL ANEXIONISMO... 239

Prólogo

"¿Por qué no cayó el sistema político de partido único en Cuba a fines de los años ochenta del siglo pasado, cuando el aparentemente sólido bloque comunista se derrumbó en tan solo un otoño?" – Es esta una pregunta muy pertinente cuando el mundo conmemora treinta años de la caída del Muro de Berlín. A este y a otros cuestionamientos relacionados ofrece respuestas el intelectual cubano José Gabriel Barrenechea Chávez, censurado y perseguido en Cuba por ser un hombre de ideas. Tanto las preguntas como respuestas que formula, contenidas en los ensayos que integran este libro, nacen de su brillantez académica y de su experiencia personal, resistiendo en carne propia dentro de la Cuba profunda y en medio de un vacío asfixiante de pensamientos.

A través de estos ensayos Barrenechea no solo será capaz de conducirnos a las explicaciones del sui generis fenómeno cubano, sino que nos mostrará también sus pensamientos propios. Y es que este es un libro de ideología y pensamiento, que esgrime la sutil hipótesis de que en la carencia de estos se encuentra precisamente el porqué de la sobrevivencia de la dictadura cubana. Pone al desnudo las estrategias fidelistas que van desde "adueñarse de la veta más rica en la tradición ideológica cubana", el nacionalismo, hasta de camuflajearlo con el "uso más que nada herramental" de ideologías marxistas que manipula y de las cuales también se burla a Diestra y a siniestra, con propósitos adicionales a la propia sobrevivencia, y que tienen mucho que ver con objetivos supranacionales.

Barrenechea es sin dudas un nacionalista auténtico ofendido por el robo y manipulación de "esa veta", que considera suya, y que desea rescatemos de manos de una pandilla de rufianes que se han reído de todo y de todos. El autor es un Quijote enamorado de su Dulcinea secuestrada que es Cuba, y a cuya aventura nos invita incitándonos a armarnos de la mejor de las adargas, el pensamiento.

Es, además, un defensor de la Constitución del '40 a partir de la cual habrá que reconstruir todo lo usurpado. Un defensor de todo lo auténtico generado a lo largo de la historia nacional, que él domina muy bien, por cierto, valor añadido que se demuestra sin tener que hacer alarde de ello, en cada línea de este libro. Alguien que anhela que quienes compartimos su deseo de una "Cuba great again" recuperemos "esa veta" robada desmoronando así la estrategia castrista que tantos años de mantenimiento en el poder ha garantizado a la élite.

Patmos Ediciones inaugura su serie #BerlinWall30 con esta publicación de lujo de uno de los fundadores del Instituto Patmos el 2 de febrero de 2013 y quien desde entonces ha sido de nuestros más brillantes panelistas y conferencistas. Aportamos de esta manera al debate global generado a tres décadas del desplome del muro, una mirada desde y hacia el interior de Cuba. Una isla inmóvil entre la Apatía y la Revolución.

Mario Félix Lleonart Barroso, 1 de enero de 2020

Nacionalismo y Cambios

¿Por qué no cayó el sistema político de partido único en Cuba a fines de los años ochenta del siglo pasado, cuando todo el en apariencias sólido bloque comunista se derrumbó en tan solo un otoño?

Mucho se ha discutido sobre el tema. Desde la oposición o el Exilio no hemos dejado de salirle al paso a quienes nos culpan de haber cooperado, por desidia, incapacidad y hasta por conveniencia, con semejante estabilidad cuasi centenaria. Hemos esgrimido en nuestra defensa el real argumento de la extrema vigilancia, el del absoluto monopolio informativo por parte del gobierno…

Sin embargo, casi nunca nos hemos referido a una fundamental arista de este problema, y cuando lo hemos hecho ha sido solo para desacreditarla, echando mano de tópicos postmodernistas de moda hace treinta años, o teorías del fin de la historia ya muy venidas a menos a estas alturas del siglo XXI. Hablo del campo de la ideología.

Esa actitud de desacreditar lo ideológico ha significado una gran desventaja nuestra frente al bando contrario, que nunca ha dudado en cuanto a la necesidad de dominar en dicho campo, y para lo cual ha hecho enormes esfuerzos.

"Están huérfanos de ideas", no se cansó de repetir el difunto Fidel Castro, y en buena medida, aunque a algunos nos moleste que se nos suelte esa verdad en las narices, tuvo razón y supo usar muy bien de esa carencia ideológica nuestra.

Mas antes de adentrarnos en el tema se impone establecer qué es lo que entendemos por ideología en este trabajo.

Ideología, en las páginas que siguen, es el conjunto de creencias, mitos, símbolos, valores e ideas que de alguna manera manifiestan una coherencia interna suficiente para que la misma pueda ser considerada como la concepción del mundo de un colectivo social determinado, dispuesto a identificarse como diferente de otros grupos. Conjunto de creencias, mitos, símbolos, valores e ideas que evolucionan por sí mismas, o al menos así lo pretenden, y en el cual toda novedad importada de fuera, desde otros conjuntos, deberá encontrar la manera de echar raíces en el pasado, en el "modo de haber sido" de esa ideología.

Un somero examen del campo de batalla ideológico en la Cuba de los últimos sesenta años nos revelará de inmediato que la más grave deficiencia de las oposiciones ha sido el que no hayan logrado articular una ideología capaz de superar a la de la Revolución. O sea, que han sido incapaces de armar una que identifique a la mayoría de los cubanos con sus ideas, símbolos, valores, creencias, mitos, con su visión del pasado como con su proyecto de futuro, cohesionando en consecuencia tras de sí a mayor número de seguidores de los que la de la Revolución pudo aglutinar en un cualquiera intervalo de tiempo políticamente efectivo.

Las oposiciones han sido muy efectivas en destacarle a cada individuo particular las razones propias por las cuales debería haberse deshecho de la Revolución, pero a la vez han sido incapaces de crear el marco ideal intersubjetivo que les permitiera a esos individuos compartir un esfuerzo que solo podía aspirar a tener éxito si se llevaba adelante en común. Incapacidad de las oposiciones que ha sido la principal causa de que la "dirigencia histórica" mantuviera el poder absoluto hasta hace muy poco, a más de medio siglo de haberlo asumido, y que al presente haya comenzado a traspasarlo con relativo éxito a la primera generación poscastrista. Todo ello a pesar del manifiesto empobrecimiento y descapitalización del país, de la descomposición social y de la desfavorable coyuntura para las autocracias que el régimen castrista ha debido de enfrentar durante largos periodos de su historia (hoy no es el caso, sin embargo).

Esa incapacidad, por cierto, no es tanto achacable a cortedades mentales o espirituales de las oposiciones históricas (que las ha habido, y las hay), como a un grupo de razones de las cuales en este trabajo solo nos ocuparemos de una: Aquella que tiene que ver con que su contraparte, el bando revolucionario, haya podido adueñarse de la veta más rica en la tradición ideológica cubana. Veta cuyo usufructo, al menos en la primera década de Revolución, y en cierta medida en las segunda y tercera, lo volvió incontrastable; fundamentalmente por el único lamentable erial que le dejaba abierto a la explotación ideológica de las oposiciones.

¿Pero y en definitiva cuál ha sido esa ideología de la Revolución de la que hasta ahora hemos venido hablando en abstracto? ¿Acaso el Marxismo-Leninismo de Afanásiev, o el de Martínez Heredia y su departamento de filosofía de la UH…? ¿El socialismo por tanto…?

Nada ha confundido más en estos estudios de lo nuestro político que la obstinada insistencia en lo más aparente. Es esa obstinación la causa última de la bizantina disputa sobre si Fidel Castro era o no comunista en 1959, 1953, o aun el 13 de agosto de 1926. La que ha llevado a algunos a afirmar incluso que el proceso revolucionario cubano ha carecido de una ideología definida, al cambiarla ante cada nueva coyuntura o fracaso. En un ejercicio de oportunismo político, en consecuencia, que de modo increíble no parece haber erosionado sus bases.

Dejémoslo claro: El socialismo no ha sido el núcleo duro en la ideología revolucionaria cubana.

Si se observan los argumentos que intelectuales, cubanos de a pie, e incluso el propio Fidel Castro utilizan para justificar la concentración de poder en manos de este último, al menos antes de 1971, fecha en que se envió al presidente Dorticós a cerrar el Departamento de Filosofía de la UH, de inmediato salta a la vista que no son exactamente los del marxismo-leninismo ortodoxo.

En Cuba, más que alrededor de las categorías marxistas habituales para la variante leninista, todos los discursos auto-legitimadores giran en realidad en torno a las de libertad individual y libertad nacional: Se sacrifica temporalmente la primera a favor de la segunda (personificada desde muy temprano en la persona del Comandante en Jefe), solo para poner a Cuba en condiciones de lanzar una cruzada que destruya al sistema mundo contemporáneo, y le permita a continuación intentar convertirse en una nación central dentro de las renovadas telarañas del poder mundial.

Lo cierto es que para la generación política cubana que alcanzó la mayoría de edad en la década del cincuenta es un axioma que no puede haber verdadera libertad individual, ni por tanto verdadera democracia, en una nación secundaria, subordinada dentro del sistema mundo. Es por ello que esta generación, *del centenario* del natalicio de José Martí, interesada por sobre todo en lograr para sí los mismos estándares de libertad nacional, y consecuentemente individual, de que solo creen pueden disfrutarse en las potencias centrales o hegemónicas, ha tenido como ideología al nacionalismo. Pero uno muy particular, que por los sesenta y con el castrismo manifestará a las claras sus desproporcionadas dimensiones: el nacionalismo cubano decidido a reconformar las hegemonías hemisféricas, y mundiales, y que para ello pretende unir en un haz apretado a todos los cubanos.

El cómo los cubanos de la generación de 1953 han llegado al sentimiento, más que a la idea claramente expresada, según el cual es imposible disfrutar de verdadera libertad individual si la nación a la que se pertenece es una de las subordinadas en las relaciones de poder mundial, resulta un hecho demasiado complejo como para tratarse extensamente aquí. Tiene que ver en todo caso con las equivocas expectativas del cubano promedio en la democracia, con el erróneo tender nuestro a confundir libertad individual con libertinaje, o hasta con el que se aceptara universalmente que el experimento democrático de los cuarenta había caído por órdenes de Washington.

Lo importante aquí, no obstante, es el hecho de que ese sentimiento y el consecuente nacionalismo son evidentemente únicos en América Latina. Ya que, aunque allí ciertas élites intelectuales han arribado a la idea, expresada con claridad en la Teoría de la Dependencia, nunca esa idea ha sido un sentimiento generalizado, popular, a semejanza del que se vive en esta Isla entre 1959 y 1968.

Téngase presente que con la Generación del Centenario se ha llegado al clímax de un largo proceso, que se había iniciado desde el momento en que el presidio habanero se convirtiera en el único fragmento todavía expansivo del ya difunto Imperio Español, en la segunda mitad del siglo XVIII, durante las exitosas operaciones españolas en las Floridas contra el imperio británico. Un proceso que en 1898 adquiere una energía cinética que ya lo vuelve muy inmanejable. Porque sin duda el cubano, tras una larga, sufrida y desigual guerra de independencia, había esperado mucho más que aceptarla a resultas de unos acuerdos entre americanos y españoles de los que se les excluyó. En consecuencia, la posterior vida republicana, como obligado satélite económico y político de los EE.UU., terminarán por despertar un desproporcionado sentimiento de orgullo nacional, y de suspicacia hacia *lo americano*. El cual sentimiento, a partir de 1959, o más bien 1960, se convierte en el motor del intento, único en este hemisferio, en que un país con treinta veces menos población, y con ciento ochenta veces menos renta que su principal contrincante, intenta invertir la relación de hegemonía en todo un continente.

Pero, ¿qué papel juega dentro de la ideología nacionalista de la Revolución el socialismo? Ya que aunque no el primario sí es indudable que tiene uno y muy importante.

El socialismo tiene para el nacionalismo hegemonista cubano un uso más que nada herramental: Además del de asegurar la unidad en el espíritu de cruzada al promover la igualdad, le sirve para conseguir los recursos materiales y financieros necesarios a sus fines, a la vez que para disfrazar ante escrúpulos propios y ajenos el verdadero carácter *cubano céntrico* de estos últimos.

Incluso para los más delirantes revolucionarios es evidente que por muy rápido que se logre "liberar" a América Latina del "yugo yanqui", habrá un periodo de muchos años en que se deberá encontrar un suministrador a lo que EE.UU. no tardará en cortarle a Cuba, o de los armamentos y pertrechos necesarios para convertir a todo el subcontinente en dos, tres, muchos Vietnam. Por lo tanto, en primer lugar se impone buscar a ese suministrador alternativo. ¿Y adónde ir a buscarlo, a la España del Caudillo, la que quizás hubiera sido la más entrañable opción para el *galleguito* Fidel Castro, pero que para 1959 estaba por detrás de Cuba en desarrollo en general, y con la cual no cabía mantener satisfactorias relaciones de complementación económica?

Sin duda Moscú, el centro del llamado Socialismo Real, era la única opción realista para suplir la necesidad arriba señalada. Lo cual implicaba al menos aparentar que se aceptaba y se seguía el llamado marxismo-leninismo.

Pero no perdamos de vista que adscribirse al socialismo era también cuestión de ganar imprescindibles agentes internos en la América Latina de los sesentas que se pretendía insurreccionar. El proyecto de subvertir todo el ordenamiento de relaciones de poder hemisférico incluía necesariamente hacerlo también con el ordenamiento económico en que se basaba. Los seguidores o aliados debían ser por tanto del bando anticapitalista: ¿y que otros mejores los había que los socialistas en general fueran leninisto-estalinianos, trotskistas, o maoístas?

Por último el socialismo, en su variante leninista, demostró rápidamente ser la cobertura ideal del nacionalismo hegemonista para la buena conciencia de los revolucionarios cubanos. Lo cual incluye a la gran mayoría de los cubanos con opinión política y decisión de imponérsela al otro, en cualquier momento de los sesenta.

Y es que la Revolución, al menos durante este periodo anterior a 1968 en que realmente merece ese nombre, no tiene nunca el valor para aceptarse como lo que en realidad es: un nacionalismo exacerbado, que usa a otros en función de fines propios[1]. Así, en esa primera etapa, revolucionaria de veras, el intento de reconfiguración hegemónica continental es presentado como una campaña en que solo se pone al músculo revolucionario cubano al servicio de la necesaria evolución de "los pueblos", evolución que marca la dialéctica materialista del enfrentamiento entre proletariado y burguesía. En que los revolucionarios cubanos se ponen altruistamente al servicio de América Latina para liberarla del dominio imperial-capitalista norteamericano, conduciéndola, desde este su "Primer Territorio (Socialista) Libre...", por el único camino abierto al hombre que no lo lleva de manera irremediable de retorno a la barbarie.

No es, por lo tanto, que se desee imponer un modelo producto de egoístas intereses propios, o en todo caso elaborado desde una visión parcial de la política mundial, sino que de lo que se trata es de ayudar a nuestros hermanos a encontrar el verdadero

---

[1] Si alguien quiere entender de qué hablamos aquí solo tiene que observar en lo que ha terminado la conocida relación entre la Cuba y Venezuela, en que los intereses de la ultima son evidentemente subordinados a los de la primera.

camino, el que enseña la única ciencia auténtica: el Materialismo Dialéctico. ¿Puede haber en definitiva alguien tan miserable que se oponga a tan ennoblecedora intención?

Visto así, en su innegable encanto, pudiera creerse que la incontrastabilidad del nacionalismo hegemonista, y de su asistente, el socialismo leninista, pudiera llegar a ser eterna.

No obstante, no debemos dejar escapar un detalle para nada menor. Los hasta aquí tan atrayentes propósitos cubanos de virar al revés todas las relaciones de poder en el hemisferio hace mucho demostraron su inviabilidad. Para 1968, y a raíz del fracaso de la expedición boliviana de Ernesto Guevara, desertada y hasta denunciada por los "hermanos de causa" sudamericanos, el nacionalismo hegemonista de los primeros sesentas comienza a perder realidad concreta, hasta desaparecer casi por completo del discurso político a partir de la invasión soviética de Checoslovaquia.

Es precisamente a menos de dos meses de la inesperada sanción aprobatoria a este acto imperialista, por Fidel Castro, que el nacionalismo castrista adopta un nuevo corpus de ideas alrededor de la interpretación de nuestra historia como de una supuesta revolución ininterrumpida durante los últimos "cien años de luchas". En el cual corpus historicista, más que insistirse en la necesidad de la Cuba Revolucionaria de transformar el mundo a su alrededor, lo que se propone es por el contrario un repliegue hacia el encastillamiento. Se insiste ahora en la necesidad de sostener la centenaria resistencia, inclaudicable, que supuestamente ha llevado desde 1868 el pueblo cubano contra todas las muchas fuerzas externas que pretenden disolver la nacionalidad cubana.

De más está decir que este cambio de fines, y de ideología, habla a las claras del final reemplazo del difunto Ernesto Guevara por el incoloro Raúl Castro en el papel de asesor ideológico principal de su hermano Fidel. Ya que esa interpretación en que "nosotros habríamos sido como ellos,

ellos habrían sido como nosotros", era precisamente la que se usaba para la instrucción política del ejército raulista, al menos desde 1964.

La nueva ideología del bando post-revolucionario, que en la práctica ya no pretende reconfigurar nada, salvo en las epifanías discursivas del *Comandante*, se convierte en un nacionalismo más propio de corral latinoamericano. Más de defensa a ultranza del cacho de mundo en que, con el providencial apoyo de unos soviéticos lo bastante distantes como para no representar un real riesgo de intromisión en los asuntos internos, la elite castrista ejerce la soberanía absoluta. Nacionalismo que a partir del desmerengamiento de la URSS pasa a tener como ideal último a la independencia que se consigue mediante el aislamiento, y que en una carta de 1901 Enrique José Varona había llamado de ideal de "isla desierta y desconocida del mar Antártico". Disparatada aspiración que él mismo se encargara de invalidar:

> "...son innumerables los empeñados en engañarse y en engañar a los demás, diciéndoles que hemos conquistado la independencia, y que toda limitación, por pequeña que fuere, de esa independencia, que ellos fantasean como si viviésemos en la Luna, sería usurpación manifiesta, que justificaría el delirio de una resistencia que nos llevaría al suicidio. Los pueblos sin embargo no están destinados a suicidarse, sino a tratar de vivir progresando en bienestar, en cultura, en humanidad."

Nacionalismo de "rinconcito subsidiado" antes de 1989, o a ultranza después, no importa: con cualquiera de los dos *a posteriori* de agosto de 1968 la élite castrista busca justificar la no devolución de aquella libertad individual que había tomado prestada en los muy remotos inicios del proceso, dizque para así regresarla mil veces fortalecida o en todo caso verdadera, a consecuencia del consiguiente aumento de la jerarquía nacional que traería la vietnamización del mundo con que soñaban Ernesto Guevara y Fidel Castro.

Porque lo real es que la élite castrista se ha acostumbrado a su posición de machos alfas de la gran manada nacional, y es bien sabido que, por conservar estatus de mucho menos rango, los humanos nos inventamos a nosotros mismos los más descabellados argumentos. Racionalizaciones las llamamos, y es el caso de aquella mediante la cual la élite castrista, y ahora la poscastrista, se han visto y se ven a sí mismas como las garantes últimas y únicas de la soberanía nacional. Que sin embargo no es para ellos la voluntad consensuada de la Nación, sino la suya disfrazada tras grandes palabras, bravuconadas pantagruélicas, grandilocuentes poses y sobre todo vacías entelequias.

¿Pero cómo es que las élites castristas han sobrevivido al abandono de la verdadera ideología revolucionaria entre agosto y octubre de 1968? ¿Qué les permite a Fidel y Raúl Castro, o ahora a Díaz-Canel, el seguir al mando a pesar de la descafeinización del nacionalismo hegemonista de 1962 en uno de "isla desierta y desconocida del mar Antártico" desde 1992? ¿Cómo han conseguido sostener ese nacionalismo a ultranza en una nación secundaria en el sistema mundo presente, incapacitada por demás para cualquier grado, aun el más insignificante, de autarquía económica?

Respondamos primero esta última pregunta: Las élites castristas, o ahora las poscastristas, lo han logrado gracias a los subsidios de mecenas interesados en molestar a los EE.UU., al pagar por la conservación de un enclave hostil en sus mismas narices, pero sobre todo gracias al sacrificio, al hambre, la miseria, la falta absoluta de más oportunidades que la mera sobrevivencia, o la emigración, para la absoluta mayoría de los cubanos.

Hay en fin unas cuantas razones, todas de peso, para explicar esa persistencia de la élite castrista, pero para los fines de este trabajo solo una nos interesa: La identificación, que se operó en el imaginario de las grandes mayorías, en lo fundamental entre 1959-61, de lo oposicionista con lo antinacional. Fenómeno que les dejará las manos libres a las elites, en vista de que a los dominados esa conversión en tabú de *lo oposicionista* les cierra en absoluto las opciones dentro de cualquier versión ideológica nacionalista, tanto de escoger nuevos dominadores, como de convertirse ellos en tales.

Ir contra Fidel, contra su hermano y sus compinches, se remachará en lo profundo del cerebro de muchos como algo necesariamente antinacional; y el posterior hecho de que Fidel, su hermano y esos compinches pongan tanto la educación, como las editoriales, distribuidoras cinematográficas o medios masivos de comunicación bajo su más absoluto control facilitará que esa idea no abandone la mente del cubano de la Isla, e incluso de un considerable por ciento de emigrados nacidos *a posteriori* de 1959 (hasta en Miami, de someter al psicoanalista a todos los cubanos, encontraríamos un alto por ciento de individuos en que esa identificación está en lo profundo del subconsciente).

El porqué de tal identificación es simple. Las circunstancias de la situación geográfica del proceso revolucionario, a la vista de las costas norteamericanas; su naturaleza de explosión súbita de un nacionalismo pospuesto, constreñido desde 1898 por la intervención americana y luego exacerbado por la dependencia económica y política a aquel vecino; el que ocurra a fines de los cincuenta del siglo XX, en medio de la Guerra Fría pero también del proceso de descolonización; lo mayoritario de su apoyo, en sus inicios no solo entre las clases más humildes, por cierto… todo ello solo les deja a las oposiciones un único aliado posible: El mismo contra el que va dirigido el sentimiento nacionalista, y el mismo al que el proyecto en un principio pretende despojar de la hegemonía, los EE.UU; o que después presenta como el principal enemigo de la nacionalidad.

Y es que al irse contra un régimen empeñado nada menos que en el derribo del sistema mundo, no le cabía a las oposiciones más que aliarse con aquellos interesados en conservar el presente ordenamiento global; por otra parte, al irse contra un régimen que se había aproximado a Moscú, no cabía más que buscar apoyos en Washington. No obstante, ese alineamiento inevitable, conlleva el que desde las oposiciones batistianas o nacional-católicas, hasta las plenamente democráticas, al oponerse a la Revolución de Fidel Castro se marquen en los imaginarios nacionalistas cubanos con el peor de los estigmas que pueda cargarse en la Cuba posterior al 9 de septiembre de 1933: el de pro-yanqui.

El asunto se habrá de complicar todavía más cuando al descubrir que sus prédicas en defensa de la democracia no atraen a la mayoría, en esencia por la débil penetración de los elementos de una cultura democrática de cierta madurez al interior de *lo cubano*, incluso en la mente de los nacionalistas más recalcitrantes en el bando demócrata renazcan las viejas dudas anexionistas y autonomistas sobre la capacidad del cubano para gobernarse a sí mismo, al menos democráticamente.

En resumen: la sobrevivencia del régimen al fin de la Revolución, entre agosto y octubre de 1968, se explica en el absoluto control por el régimen de los discursos ideológicos que circulan al interior de la sociedad isleña, al haber logrado convertirse en el intermediario obligatorio en toda comunicación de ideas entre individuos, pero más que nada se debe a esa estigmatización de lo oposicionista que sobrevivirá gracias a que el régimen conserva su ideología dentro del marco nacionalista. Es esa estigmatización la que explica el que a pesar de los muchos pesares de la Nación las grandes mayorías sigan, si no exactamente fieles al único remanente del proceso, la elite fósil, si incapaces de enfrentársele por escrúpulos que cabría calificar de subconscientes. Es sobre esa estigmatización, sobre ese capital inicial de legitimidad mantenido por el control sobre los intercambios de ideas entre individuos, que ahora Díaz-Canel y su clan villareño pretenden sentar las bases del poscastrismo, del Canelato, sobre todo al tener en cuenta el nuevo espíritu de la época, más propia para las autocracias.

¿Qué hacer entonces ante un escenario que pareciera no dejar puertas abiertas para escapar de él?

Necesitamos una ideología que agrupe a los cubanos en el enfrentamiento al régimen autocrático y anquilosado, a sus consecuencias humanas, económicas y medioambientales, no unos discursos disgregantes que remachen en las cabezas individuales lo que las aleja del régimen post-revolucionario, ahora post-castrista. Necesitamos agrupar alrededor nuestro, no alejar del otro; disciplinar en el esfuerzo oposicionista, y no usar el contraproducente recurso de estimular la indisciplina social. Con esto último, además de espantar de las oposiciones a los individuos afines al orden y rellenarlas en su lugar de delincuentes, solo conducimos irremediablemente al país a convertirse en un estado fallido, que puede muy bien seguir encabezado por la élite post-castrista. De hecho, en no poca medida, es lo que ya ocurre.

Y esa ideología no puede ser otra, en el caso cubano, que el nacionalismo.

Pero ese nuevo nacionalismo debe basarse no en lo que nos separa del mundo real presente, *capitalista*, sino en lo que convierte a la Isla en un punto privilegiado en este mundo concreto: nuestra situación como encrucijada de los caminos comerciales mundiales, a la manera del Singapur de este lado del Atlántico.

El nuevo nacionalismo, a diferencia del revolucionario, no debe de insistir en nuestro supuesto carácter de avanzada de un mundo por completo diferente por venir. Ya que al basarse en unos principios que no son otros que aquellos que nos permitirían ocupar una posición más privilegiada en un utópico orden global diferente, nos inhabilita de entrada para sacar el mayor provecho de las posibilidades de nuestra Isla: No se puede aprovechar la circunstancia propia, concreta, cuando se está concentrado en cambiarla por una muy distinta.

Debe por lo tanto ser un nacionalismo oportunista, no uno que trate de crear la oportunidad al remodelar al mundo.

Debe por sobre todo sostenerse sobre una crítica profunda de nuestro pasado. Que no le tema a mirarnos por dentro y a escuchar con atención lo que otros tienen que decirnos de nosotros mismos. Que indague en nuestro pasado sin cortapisas y en que no se excluya del diálogo nacional a ninguno de los discursos interpretativos de la Nación. A fin de cuentas, es precisamente esa variedad de interpretaciones la que enriquece nuestra cultura, y la que la dota de una mayor capacidad para aprovechar las oportunidades que nos presenta un mundo en constante cambio, para asimilarnos todo lo nuevo y que haya demostrado su utilidad.

Antes mencionamos lo necesario de no disgregar, sino de unir en una empresa común: La de crear las condiciones para que quienes residimos en la Isla, o aun quienes se consideran sus hijos en el exterior, podamos sacar el mayor provecho de sus grandes posibilidades. Hacia ahí debe de marchar el nacionalismo cosmopolita cubano, que será sin dudas el único discurso ideológico que nos permitirá derrotar al post-castrismo (Canelato), y sobre todo, evitar la tendencia actual de Cuba a convertirse en un El Salvador o en una República Dominicana. O sea, en un estado fallido, controlado por mafias desde una cultura de barrio marginal.

El Golpe de Estado de 1952 y nuestra soberanía nacional

1.

No entraré en detalles, solo voy a admitir que entre el 2 de mayo de 1902 y el 9 de septiembre de 1933, la República de Cuba fue un protectorado americano. Lo definía el apéndice impuesto por el Congreso de los EE.UU. a nuestra primera constitución republicana: La Enmienda Platt.

Pero desde que durante 127 días el primer gobierno de Ramón Grau San Martín se mantuvo en el poder, en contra de la voluntad americana, la realidad fue muy otra. Grau se negó entonces a jurar la Constitución de 1901 por contener el referido apéndice, e hizo más: Trajo al imaginario colectivo cubano la idea de que porque en Washington cogieran catarro no había necesariamente que ponerse a estornudar en La Habana. Lo logró el referido 9 de septiembre con un gesto muy simple, casi pueril, pero efectivo no obstante. Daba su discurso de asunción presidencial desde la terraza norte del Palacio Presidencial, cuando alguien lo interrumpió con la noticia de que lo llamaban desde la Embajada Americana. Grau, con su desenfado habitual respondió:

-Dígale a Washington que espere, que estoy hablando con mi pueblo.

Lo cierto es que algo antes de enero de 1959 la Revolución del 30 ya había hecho a Cuba independiente, por primera vez en toda su historia. Todo un mérito para la época, si se tiene en cuenta que en ese momento en el mundo imperaba el derecho de la fuerza, y que por sus dimensiones, población y recursos la República de Cuba era un país insignificante ante los enormes ejércitos de la época.

Esta afirmación se puede demostrar con relativa facilidad: Aun los gobiernos de Batista, o bajo su control, que siempre han sido acusados de entreguistas por la historiografía oficial, dictaron a partir de 1934 una legislación obrera, o de respaldo para el pequeño cultivador de caña: el colono, inusual para la época. La culminación de este proceso fue la Constitución de 1940, todo un antecedente del *Welfare State* europeo de postguerra, en que quedó consagrada la jornada laboral de ocho horas, y en que se declaró a la propiedad privada como condicionada a su utilidad social.

Tales medidas y legislaciones se tomaban en un país en que, tras la abrupta caída del precio del azúcar en 1920 y el consiguiente crack bancario que trajo las "vacas flacas", los mayores intereses económicos del país habían pasado a manos americanas. Legislaciones y medidas atentatorias de tales intereses, por lo tanto, y que en consecuencia, por el solo hecho de haber sido adoptadas, demostraban de modo innegable el alto nivel de independencia política de que comenzamos a disfrutar a resultas de la Revolución de 1930.

Pero donde por sobre todo se transparenta nuestro alto nivel de autodeterminación es en la política exterior del periodo auténtico-republicano. Bajo el segundo gobierno de Grau (1944-1948), y el de Carlos Prío Socarrás (1948-1952), nuestro pequeño país se comportó como toda una pequeña potencia regional. Cuba fue entonces el principal aliado de la Guatemala de Arévalo, tan mal vista por ciertos intereses monopolistas estadounidenses. La Habana se convirtió en el bastión de las fuerzas democráticas del Caribe, en su lucha contra las muchas dictaduras de la región, no pocas veces a contrapelo de los intereses norteamericanos, llegándose a preparar desde aquí expediciones importantes, como la enfilada contra Trujillo en Cayo Confites (es cierto que esta fue desmantelada por las presiones desde Washington, ¿pero, no tuvieron Paris y Londres, potencias incuestionablemente soberanas, que detener su incursión en Suez de 1956 bajo presiones semejantes…?).

Se llegó incluso al extremo de que el Congreso Cubano, con pleno apoyo presidencial, se atreviera a intentar enviar una comisión destinada a investigar posibles violaciones a los derechos humanos a raíz de la represión norteamericana contra la sublevación boricua de 1950, encabezada por Pedro Albizu Campos, y que el propio presidente, Carlos Prío Socarrás, se preocupara por la situación de este último ante el presidente Truman.

De hecho y sin lugar a duda los más grandes logros de nuestra política exterior en el siglo XX se consiguieron precisamente entre 1944 y 1952. Fue la delegación cubana a las flamantes Naciones Unidas una de las que primero propuso la adopción de una Carta de Derechos Humanos. Ocurrió esto en 1946, y no puede decirse de ninguna manera que Cuba actuara como testaferra de Washington en la presentación de tal propuesta, porque esa vez los EE.UU. se negaron de plano a adoptar algo semejante. Par de años después, el 10 de diciembre de 1948 se terminaría por aprobar una Declaración Universal en la que el empuje de nuestra diplomacia fue determinante, y en que no pocos juristas internacionales reconocen la influencia de nuestra Constitución de 1940.

El segundo logro es, a no dudarlo, la Doctrina Grau. La cual los cubanos logramos hacer adoptar como principio de las relaciones internacionales en 1948, cuando en la Carta de la Organización de Estados Americanos (OEA), en su artículo 16, quedó establecido:

"Ningún Estado podrá aplicar o estimular medidas coercitivas de carácter económico y político para forzar la voluntad soberana de otro Estado y obtener ventajas de cualquier naturaleza".

La realidad innegable es que la República de Cuba era una nación soberana antes de 1952. Tanto, que incluso supo conseguir los apoyos para aprobar un mecanismo legal que la habría salvaguardado de futuros embargos. Mecanismo que por desgracia Fidel Castro cooperó a derogar con su obtusa política de guapetón de barrio, al prestarse a darles el motivo esperado a quienes dentro de la política norteamericana nunca vieron con buenos ojos la Doctrina Grau, y nuestra soberanía.

Finalmente, no se puede dejar fuera de esta enumeración el que Cuba haya sido el único país occidental que se opuso a la Resolución 181 de la ONU, para la partición de Palestina, y que las razones que diera para su voto fueran un antecedente de las que solo vendrían a estar de moda con la Conferencia de Bandung y el proceso descolonizador de África, una década después.

2.

Si como la historiografía castrista ha sostenido casi siempre, el Golpe de Estado del 10 de marzo fue impulsado desde los EE.UU, pues entonces no habría más que admitir que aunque habíamos sido independientes en el periodo 1933-1952, ya no lo fuimos entre este último año y 1959; y sobre todo, que con los norteamericanos el único modo de mantenerse independiente era a la manera castrista. Que lo del periodo de soberanía habría sido una debilidad americana, y que consecuentemente solo mediante la movilización total de la Nación y su puesta incondicional a las órdenes de alguna voluntad superior era y es posible mantener la soberanía nacional frente a nuestro vecino del Norte.

No voy a detenerme aquí en las abundantes razones que se dan en un tan documentado libro como *Batista, El Golpe*, editado por Ciencias Sociales, para demostrar no ya la no implicación norteamericana en los sucesos de la madrugada del 10 de marzo, sino incluso su abierto desagrado ante el mismo. En ese libro publicado en Cuba, y escrito por dos ex oficiales de la Seguridad del Estado, se parte de admitir que no fueron los americanos los primeros en reconocer al régimen de facto batistiano, sino más bien casi los últimos, al menos en las Américas. Se detalla luego, en base a abundante documentación desclasificada del *State Department*, el tenso proceso de reconocimiento y la subsiguiente frialdad que por meses mantuvieron las autoridades diplomáticas americanas con el régimen. Se insiste sobre todo, como motivo para ello, los conocidos vínculos de Batista con los comunistas cubanos.

Prefiero aquí referirme a otros argumentos, no usualmente presentados en el debate.

Incluso allá por los ochentas un castrista tan acérrimo como Mario Mencía, en el "El Grito del Moncada", tomo I, al no encontrar el modo de sustentar en hechos y documentos la versión de una supuesta inspiración y dirección norteamericanas del cuartelazo, solo había podido echar mano de una "aprobación por omisión" de la Embajada, al no prevenir a Prío. Sin tomar en cuenta, no obstante, que según su mismo relato, no solo los miembros de la misión militar americana sabían de lo que se cocinaba entre Columbia y Kuquine, sino todo La Habana y hasta el país, y que si nadie tomaba en serio el guiso se debía a que todos compartían la misma ciega confianza en la fortaleza de nuestra democracia. No en balde a fines de febrero Raúl Roa, ante la advertencia del recién defenestrado Rómulo Gallegos de lo que se tramaba, solo atinó a responder, lleno de confianza, que algo así ya no tenía cabida en la Cuba de 1952.

Se puede sostener la no inspiración o apoyo norteamericano al cuartelazo basándonos también en el más elemental sentido común político: Aun en medio de la Guerra Fría y mediante operaciones encubiertas, el elemento rampante y tempestuoso de ese país, como lo llamaba Martí, solo ha podido arrastrar al de humanidad y justicia a intervenir allí donde era claro, o en todo caso altamente probable, la toma del poder por los comunistas. Situación que no se daba ni de lejos en la Cuba de finales de los cuarentas y comienzos de los cincuentas.

El partido comunista (PSP) había visto como las masas le retiraban su ya escaso apoyo histórico durante el periodo auténtico-republicano. Si para las elecciones de 1948 había obtenido 142 972 votos, para aproximadamente un 6% del padrón electoral, en las reorganizaciones de partidos de noviembre de 1949 y 1951 obtuvo respectivamente 126 524 y 59 000. Esta última cifra lo situaba a solo unos pocos miles de seguidores del 2 % que exigía la Constitución para legalizar a un partido político, o lo que es lo mismo, que el partido comunista estaba a punto de ser ilegalizado gracias a un artículo de la Constitución por el que ellos mismos habían votado favorablemente en la Asamblea Constituyente de 1940.

Por último, pretender que los norteamericanos promovieron el golpe para detener la segura victoria del Partido Ortodoxo, resulta ridículo. Preguntémonos: ¿Le temerían los "yanquis" al personalista partido de Chibás, el partido que estaba por completo en manos del más implacable y popular enemigo del comunismo en Cuba? Por demás el único de los políticos cubanos de primera fila que se había opuesto a la ayuda a la Guatemala de Arévalo, o al envío de la mencionada comisión parlamentaria a investigar lo ocurrido durante la sublevación de los independentistas puertorriqueños en 1950… Con lo que a las claras mostraba el "Adalid" una posición frente a Washington que más que de timorata más bien cabía clasificar que de pro-americana, y con la que de seguro estos habrían estado muy complacidos.

Lo cierto es que los americanos no tuvieron nada que ver en el suceso que trastocó nuestra vida nacional hace pronto 70 años. Y que por tanto nuestra democracia no cayó entonces por haber sido demasiado independiente de los EE.UU., como lo era, en base a las formas demasiado plurales connaturales a este sistema político. Fueron fuerzas y contingencias internas las que dieron al traste con el único periodo de nuestra historia en que la Nación Cubana ha sido soberana. Porque aunque admitamos que Cuba ha sido independiente tras 1952, y sobre todo 1959, salta a la vista que tras la primera de esas fechas la soberanía no ha estado nunca en manos de toda la Nación, sino en las de una reducidísima élite gobernante. La cual élite, al menos *a posteriori* de 1959, ha justificado ese escamoteo de la soberanía nacional en base a la más completa banalización de nuestra historia, y de la del mundo.

¿Por qué se fue a bolina la Generación del 30?

1.

¿De qué modo suele producirse en Cuba la politización de unas masas normalmente ganadas por esa mezcla tan nuestra de resignación, apatía y pachanga? ¿Cómo, en definitiva, se las llega a sacar de ese marasmo mediante el cual apoyan en la práctica a la dictadura del momento con su pasivo repliegue a unas pocas dimensiones, corporales, de la vida humana, para pasar casi sin transición a esas explosiones políticas súbitas habituales a lo largo de nuestra historia, cual aquella que se viviera por acá en el verano de 1933?

Lo primero es comprender que el cubano es todavía un pueblo de mentalidad primitiva refractario a la fragmentación de la representación de la vida propia de los Tiempos Modernos, por lo cual tiende a confundir sus necesidades religiosas con las políticas: ambas esferas no están claramente diferenciadas en la mente del habitante típico de este país. Ello ocurre por un débil progreso de la mentalidad racionalista en general, y en particular de la religiosidad racional, la cual se mantiene por el contrario a un nivel muy primario, sin alcanzar nunca la altura de las religiones que han llegado a desarrollar una teología. Débil progreso del racionalismo cubano que es comprensible si entendemos que la mentalidad racionalista moderna en Occidente es la consecuencia, en no poca medida, del pujante desarrollo de la teología cristiana (el estudio racional de Dios y de su Creación) hacia finales del Medioevo. El cubano vive todavía en los tiempos bíblicos, o más bien de las mitologías mediterráneo-africanas, y por ello, actitudes que normalmente el individuo explaya en lo religioso son transpuestas en Cuba a lo político, y de paso como a cualquier pueblo pre-moderno lo hace padecer de una excesiva predisposición hacia el carisma político-religioso: recordemos aquellas palomitas, "de Changó", que al posársele en los hombros durante uno de sus "discursos" tanto contribuyeron a fortalecer el carisma de Fidel Castro[2].

Por otra parte, contrario a lo que da a pensar su superficial y bullicioso hedonismo, no es que el cubano no sienta la imperiosa necesidad de trascender esa existencia concreta y corporal de la que suele hacer alarde. Pueblo escasamente pragmático a diferencia del americano, y en donde el espíritu emprendedor es por sobre todo el resultado de la lenta infiltración cultural de ese pueblo vecino, el cubano es en realidad uno triste e insatisfecho bajo su máscara de alegría continua y satisfacción gozadora. Siempre aspira, en el fondo de su alma, a algo más allá de esta existencia suya presente. Para satisfacer la cual aspiración, al carecer de una sólida formación religiosa debido a la histórica desatención de la Isla por la Iglesia, no puede más que encontrar cauces en el embotamiento de una festiva alegría fingida, de *la pachanga*, o de cuando en cuando en ese misterio que le resulta lo colectivo cuando trasciende lo concreto personal, la política, para entonces embotarse en *la pachanga revolucionaria*.

Es por todo ello que cuando una fuerza, llamémosla carismática, aparece en medio de una situación de crisis, el pueblo cubano, que hasta el instante anterior se dejaba llevar por la suave corriente del más basto hedonismo, se pone de acuerdo de modo tácito en una sublevación nacional como la de los últimos meses de 1868, y primeros de 1869[3], o en una

---

[2] La Iglesia carga con buena parte de la culpa de esa incapacidad para diferenciar, debido a haber estado sometida por siglos a la autoridad del estado español, mediante el Patronato Regio concedido por el Papado en 1508. En Cuba, desatendida por demás en lo religioso, la Iglesia no era más que otra rama del poder político.

[3] Es de atender el cómo, a pocos años de la práctica indiferencia con que se miró las invasiones de Narciso López, en La Habana de repente casi todos los nacidos en la Isla adoptan una postura fanática de apoyo a Carlos

Huelga General espontánea: ¡Hasta que se vaya el Animal!, como ocurrió en 1933.

2.

Es innegable que Gerardo Machado fue un dictador bien recibido por las masas cubanas. Tanto, que no necesito *dar bravas* en los procesos electorales con los que primero cambio la Constitución, y después se hizo reelegir en 1928. La realidad es que fuera de los intelectuales jóvenes, los estudiantes universitarios o algunos políticos de su mismo partido, resentidos por la manera en que este había obtenido la nominación presidencial por esa organización política: el partido liberal, en Cuba casi todo el mundo estaba con El Mocho de Camajuaní.

Gerardo Machado, como más tarde Fidel Castro, se presentó como un nacionalista. No solo al nombrar secretario de la presidencia al autor de *"Azúcar y Población en las Antillas"*, Don Ramiro Guerra, o al publicar *"Vindicación de Cuba"* en 1926, o sea, no solo con declaraciones, sino con una política económica y arancelaria que consiguió diversificar en algo nuestra economía. Gerardo Machado, por sobre todo, fue capaz de asegurar un periodo de prosperidad popular durante los primeros cuatro años de su gobierno. ¿Pero entonces, por qué cayó tan rápido, a diferencia de un Fidel Castro bajo cuyo gobierno la prosperidad ha brillado por su ausencia, pero que sin embargo ha conseguido incluso legarles el poder a gentes tan anodinas como sus dos continuadores?

Manuel de Céspedes. De lo cual no puede acusarse a que el segundo no fuera anexionista, porque sobran pruebas de sus devaneos con la solución anexionista, y para muchos habaneros era bien conocida la intención del primero de en lo posible aprovechar la ayuda americana, pero evitar la Anexión.

Es innegable que por sobre todo gracias a las diferentes naturalezas de ambas dictaduras. Al hecho de que la de Fidel Castro fuera totalitaria y la de Machado no. Mas esto todavía no nos dice mucho, porque en definitiva lo que las diferencia en última instancia es la razón por la que el primero consiguió convertir a la suya en totalitaria, a diferencia del segundo, admirador confeso de Mussolini, que también tuvo esa intención, mas no lo consiguió.

Esto a su vez se explica en que Fidel Castro logró primero presentarle al cubano una imagen carismática de sí mismo, y más tarde conservar el monopolio sobre el carisma en la mentalidad nacional; mientras que si bien Gerardo Machado logró más o menos lo primero, no alcanzó a conservar el monopolio sobre el carisma. ¿Pero por qué en definitiva el primero pudo, y el segundo no? Pues debido a que el primero alcanzó a conservar su carisma al presentarse como el conductor de una cruzada nacionalista anti-hegemonía americana, en un tiempo en que era posible convocar al pueblo cubano a semejante quijotada; mientras que en el de Machado Presidente, que sobre todo en los últimos meses de su gobierno intentó algo parecido, era ello todavía imposible. De hecho será gracias a su caída, y a una serie de coincidencias geopolíticas que se dan *a posteriori* de ella, que se abrirá en Cuba la posibilidad de asentar un carisma sobre semejante pretensión anti-hegemónica.

3.

Independientemente de que a partir de su cuarto año el Machadato se encontró entrampado en la más profunda crisis sistémica de la economía mundial en el siglo XX, lo esencial para su relativamente rápida caída fue que ante las masas cubanas surgió un catalizador social con todo lo necesario para ser aceptado por ellas como una fuerza carismática, y ante el cual Machado no tenía posibilidades de conservarse adictas a las grandes mayorías en una Nación demográficamente muy joven: Los muchachos del Directorio del 30, y los que todavía permanecían en la lucha del anterior Directorio, el de 1927.

Si se habla de Revolución del 30 y no del 33 es solo porque el 30 de septiembre de ese primer año, cuando un *grupúsculo* de dos centenares escasos de muchachos y de jóvenes profesores universitarios se batieron a piñazo y a pedradas con policías y soldados por las calles de La Habana, cuando pusieron su primer mártir, Rafael Trejo, la suerte del Machadato, y con él de la Primera República, ya estaba irremediablemente escrita.

Desde ese día la Generación del 30 fue admirada por las grandes mayorías nacionales, incluso algunos machadistas no se escondían para demostrar ese sentimiento hacia aquellos grupúsculos de muchachas y muchachos que se enfrentaron al Machadato con el mismo espíritu que el Ejército Republicano Irlandés (IRA) a Inglaterra solo unos pocos años antes: Como antes de Maikel Collins en las estaciones de policía dublinesas, en las de la Habana se hablaba en voz queda, y por los rincones, de Ángel "Pío" Álvarez.

Sin embargo, aunque admirados por la sociedad cubana a la manera en que muchos en EE.UU. idolatraban por entonces a las figuras de Bonnie and Clyde, quedaba todavía un escollo que superar para que las masas nacionales se dejaran conducir por aquellos jóvenes carismáticos. Y es que lo que proponía la élite de las juventudes cubanas, más o menos desde 1923, los Mella, los Pablo de la Torriente, los Carlos Prío, los Raúl Roa, los Martínez Villena, los Mañach, los Guiteras... sentar sobre nuevas bases nuestra relación con los EE.UU., a pantalones, para casi nadie pasaba de ser más que una quijotada, que de ponerse en práctica no pasaría sin amargas consecuencias: Aquello, en la mente de las grandes mayorías, no podía conducir a otra cosa que a una nueva intervención americana amparada en la Enmienda Platt, y a un reforzamiento de la dependencia, quizás asentada ahora sobre bases económicas menos favorables.

Porque el desafío a que se enfrentaba la Generación del 30 no era tan simple como tumbar a Gerardo Machado del poder. Consistía más bien en derribar a la Primera República, en realidad un semi-protectorado americano, y por tanto cambiar por completo la relación espiritual que hasta entonces habíamos mantenido con aquel vecino. Vecino, pared con pared, con el que habíamos crecido juntos y revueltos, y al que durante todo el siglo XIX habíamos mirado como el modelo moderno que contraponer a la supuesta medievalidad española.

Pero entonces sucedió un imponderable: llegó un nuevo presidente a la Casa Blanca, y poco después, en mayo de 1933, un nuevo embajador desembarcó en La Habana con la declarada intención de sacar a Gerardo Machado del poder.

Sumner Welles creyó que dominaba el proceso de transición y que todos lo que importaban en la política cubana lo seguían. Se engañaba el hábil diplomático graduado en Harvard. Cuba pronto reveló que le quedaba demasiado grande al brillante intelectual que venía demasiado imbuido de la pedantería política, "objetivista", que se enseña en el mundo académico americano.

Porque si el cubano se puso en marcha no fue porque lo viera a él como el guía, venido de un pueblo superior, a conducir camino del *American way of life* a los primitivos habitantes de alguno de esos chinchales de monos latinoamericanos que tan bonitamente sabían representar los filmes de Hollywood, sino porque su Mediación fue entendida como que había sido levantada la única restricción válida para no seguir a los jóvenes estudiantes en sus aspiraciones desmesuradas. A partir de que los americanos demostraron no sentir la salida de Machado de Palacio, lo que decían los muchachos, el modelo de nueva relación con nuestros vecinos que proponían, aunque todavía de modo confuso, entró de súbito en el rango de lo posible para las masas cubanas. Para poco más tarde llegar muchísimo más lejos, como todo en este pueblo que nunca se conforma con el dedo cedido cuando se ha puesto en marcha...

Fue tal su impulso, en definitiva, que cuando tras hacerse con el poder político, en septiembre, los muchachos se pararon en frente de la poderosísima Flota Americana del Atlántico, de los imponentes acorazados con sus poderosísimos cañones de 16 pulgadas, el país en lo fundamental se irguió a sus espaldas.

Debe recalcarse aquí que lo principal para que el proceso se saliera del curso habitual, abúlico y desesperanzado, para que se diera esa explosión súbita y sublime del espíritu de independencia del cubano, fue el hecho de que los muchachos depositarios del carisma no se destiñeron entonces.

Mientras todas las fuerzas políticas racionales del país (incluyendo a nuestras particulares *gaticas de María Ramos* históricas: los comunistas) corrieron a la Embajada, o entraron por la puerta de atrás, los muchachos dejaron muy claro que allí no se les había perdido nada. Y las masas, aunque en un primer momento también corrieron allá, no dejaron de notar aquella abstención. Por eso para ellas, ya subidas en esa búsqueda de la trascendencia que es inmanente al alma cubana, después del 12 de agosto son los muchachos los únicos posibles líderes espirituales del país... y seguirán siéndolo por largos años.

De hecho la Nación ha seguido con tal devoción a su fuerza carismático-moral del 30, que solo cabe explicarse la caída de la democracia en 1952 por su gradual desilusión en esos muchachos a los que ha mirado como a Dioses. Porque es la democracia del 40 la obra, el legado más trascendente de esos muchachos. Un legado que por desgracia se identificó demasiado con sus legatarios.

Por ello, aun cuando estos hicieron lo imposible para evitar el resurgimiento de la Dictadura del Hombre Fuerte, del caudillismo carismático, o quizás por ello mismo, fue la natural cotidianización de sus vidas que implicaba ese esfuerzo democratizador lo que terminó restándole apoyo a una obra que las masas nunca entendieron por completo. Ellas, que habían seguido a aquellos muchachos como a seres trascendentes, al verlos descender del plano heroico de la lucha en clara desventaja al de la sosegada política cotidiana, solo percibieron en consecuencia corrupción.

O sea, fue el contrasentido de que una fuerza carismática intentara sacar a la Nación de los cauces de las políticas carismáticas el que de entrada condenaba al fracaso al esfuerzo democrático asociado a la Constitución de 1940.

4.

Debemos tener por tanto muy en cuenta dos enseñanzas:

Cuba no cambiará mientras no aparezca una nueva fuerza carismática, que digan lo que digan, nuestras masas no perciben en las actuales oposiciones, ni por su inteligencia, ni por su procedencia social, ni por su ética, y mucho menos por sus descoloridas propuestas que nada tienen que ver con la desmesurada alma cubana. Una fuerza carismática que reviva esa ansia de trascendencia del cubano, que les proponga esa gran Nación en que el cubano solo admite vivir. Que les restituya su consustancial sentimiento de destino superior.

Esas fuerzas carismáticas, por otra parte, seguramente se convertirán en un serio problema futuro para la democratización. Y lo pueden ser tanto por su posible corrupción política, que las lleve a convertirse en tiranía; como por la aparente corrupción administrativa[4], que engendrará su esfuerzo democratizador posterior (como ya dijimos le ocurrió

---

[4] Hablamos aquí de aparente no porque neguemos su existencia real en este caso, sino porque consideramos que su percepción por el público siempre fue exagerada en sí misma.

a la Generación del 30). Esfuerzo que necesariamente los cotidianizará a los ojos de quienes, hasta ayer mismo, percibían a los portadores del carisma desenvolverse en los planos extracotidianos, trascendentalistas, en que siempre se coloca quien defiende la Libertad frente a la Tiranía.

Advirtamos que si algo entendió muy bien el actual régimen totalitario es esta dinámica desmedida y paradójica de la Cubanidad.

Dicho régimen también surgió de otra de nuestras fuerzas carismático-morales: La Generación del Centenario. Solo que a diferencia de la del 30, y en buena medida debido a ella, por el aquello de que nos parecemos siempre más a nuestros abuelos que a nuestros padres, sin olvidar la influencia que la atmósfera mundial de la época tuvo sobre esa generación del medio siglo, no fue esta desde un principio una fuerza carismático-moral democrática. Cualquiera que haya leído los escasos documentos que tras de sí dejaron los otros dos grandes líderes de dicha fuerza, Frank País y José Antonio Echeverría, se sorprenderá de su similitud de pensamiento en general con el del único que quedó vivo: Fidel Castro. En los tres logra percibirse esa mezcla tan nuestra de nacionalismo de falange con socialismo autoritario y centralista (estatalismo), que ha caracterizado nuestro pensamiento político *a posteriori* de 1953.

Los muchachos de 1953, que han entrado en la liza política tras el Golpe del 10 de marzo de 1952, conscientes de que ese golpe ha sido posible gracias a la desilusión popular con los muchachos del 30, quienes habían permitido el establecimiento de ese sistema político tan poco dado a la espectacularidad llamado democracia, decidirán por el contrario que las cosas en Cuba deben hacerse con mucha más teatralidad. Porque sin duda la Generación del Centenario sintió con claridad el espíritu de las masas cubanas de su tiempo, su trascendentalismo constitutivo liberado en el 30, pero que para entonces se juzgaba traicionado por aquellos mismos que lo habían echado a rodar.

Pongamos el ejemplo de la soberanía. La nueva fuerza carismático-moral, influida además de por todo lo que sucedía en lugares como Egipto o en Bandung, por la naciente televisión, y por la generación de los "rebeldes sin causa", entendió que si quería mantener el apoyo de las masas debía practicar al nacionalismo desde la bravuconada y la espectacularidad. En consecuencia para ellos la única forma de defender a Cuba pasaría por reunir medio país en una Plaza y desafiar desde la tribuna a los americanos en el más perfecto estilo de guapo barrial criollo (Fidel Castro como la concreción final de una evolución que comienza en el negro curro: El Negro Curro en Jefe). Y como todo esto solo se podía hacer desde el más absoluto control social, pues es claro que el totalitarismo venía predeterminado en la propuesta de esa generación infausta.

Es esta también la explicación de por qué la resistencia de los sesentas no ha logrado convertirse en fuerza carismático-moral, de por qué no ha logrado derribar a Fidel Castro en definitiva: Por sobre todo por ese mencionado sentido de la espectacularidad del nacionalismo del Comandante y su generación política. Es este sentido teatral el que les permite hacer lo que no había podido Machado: convertir su dictadura en totalitaria.

O sea, lo han logrado porque han sido capaces de aprovechar a su favor esa inmanente hambre de trascendencia del cubano; y si algo distingue a lo trascendente, es que no suele percibirse en lo cotidiano si no en lo extra-cotidiano, esfera esta que cae por completo dentro de lo espectacular.

La violencia armada como estrategia del comunismo republicano

En la Historia que se enseña en las escuelas cubanas de hoy se hace en exceso referencia al pistolerismo político que caracterizó la vida de la Nación durante el periodo democrático de los cuarenta, al menos si se compara con la nula referencia a los incuestionables logros del mismo. Se habla también de los atropellos que a manos de dicho pistolerismo sufrieron esas *pobres y seráficas almas de Dios*, los comunistas, el día en que el *diabólico* gobierno auténtico decidió no continuar haciéndose de la vista gorda ante el control mafioso que sobre los sindicatos ejercía el PSP[5], y pasó a apoyar a su propio sindicalismo.

Ocurrió este cambio en la actitud gubernamental en los últimos meses de 1946 y primera mitad de 1947, a más de dos años del ascenso al poder de una coalición auténtico-republicana que, desde fecha tan temprana como septiembre de 1933[6], había contado invariablemente con la oposición comunista. Oposición que por otra parte no había roto de manera explícita su anterior alianza con el principal enemigo del autenticismo: Fulgencio Batista.

Debe destacarse que a pesar de que por entonces no se podía hablar todavía de Macartismo en los propios EE.UU., la historiografía oficial cubana sostiene que las razones para dicho viraje fueron no esa pertinaz oposición o alianzas del

---

[5] Partido Socialista Popular, como por entonces decidió llamarse, a pesar de no ser ni socialista, ni popular.

[6] Los comunistas se opusieron al gobierno nacionalista de los 100 días al establecer "soviets" en un número importante de centrales azucareros a lo largo del país.

comunismo nuestro, sino el deseo del "entreguista" gobierno auténtico de congraciarse con esa corriente política ultra-conservadora americana. De hecho bajo esta denominación, Macartismo, se recoge en nuestros textos de enseñanza de Historia actuales dicho cambio en la política doméstica del autenticismo. Sin para nada tener en cuenta que Joseph McCarthy solo llegó al Senado de los EE.UU precisamente por esos mismos días iniciales de 1947, y no comenzó su Cacería de Brujas más que en febrero de 1950, con su famosa denuncia de una supuesta conspiración comunista en el Departamento de Estado. Lo que lleva a creer que para nuestros historiadores oficiales el Macartismo no es una creación ni de McCarthy, ni americana, y no debería por tanto sorprendernos si cualquier día de estos un epígono oficial, Eusebio Leal, por ejemplo, comienza a hacer campaña contra "el robo yanqui de un producto 100 % nacional".

En esencia, tras leer en sus textos de Historia sobre nuestro último periodo democrático de los cuarenta, a los jóvenes cubanos solo puede quedarles la impresión de un gobierno, el auténtico-republicano, integrado por ladrones y *gánsteres* carentes de cualquier límite, a los cuales se enfrentaban los comunistas y los ortodoxos, armados únicamente con su superioridad moral y su natural altruista. No obstante, la realidad es que estas no constituían sus únicas armas, al menos en el caso de los comunistas (el partido ortodoxo, si bien guiado por una de las más nefastas personalidades de nuestra historia, Eduardo Chibás, es justo reconocer que nunca echó mano a la violencia armada en tiempos de democracia; al Adalid de Cuba le bastaba con la difamación y las *fake news*).

Partamos de reconocer que en esto de la aplicación de la violencia los comunistas republicanos no eran ni un caso excepcional de nuestra vida política, ni mucho menos los peores exponentes. Lo que si debe admitirse es que por sus creencias fundamentalistas, que les permitían actuar sin que los remordimientos morales los afectaran, solían aliarse, o por lo menos intentaron acercarse, a los grupos políticos más cruentos de la historia republicana: los batistianos y los machadistas.

Me limitaré en lo que sigue a exponer cinco hechos que corroboran a las claras que el Partido tenía a la violencia como uno de sus métodos preferidos al interactuar con otras fuerzas políticas, sobre todo cuando estas amenazaban el monopolio que sobre el movimiento obrero cubano les había concedido en 1938 el entonces coronel Fulgencio Batista. Luego reflexionaré sobre las razones de porqué al contrario del pistolerismo post-revolucionario su historial ha sido tan convenientemente olvidado.

Primero. El 17 de junio de 1934 el partido ABC concentró a entre 50 u 80 000 seguidores en el Paseo del Prado habanero. Esta gran demostración de fuerzas de los abecedarios fue disuelta a tiros por Paulino Pérez Blanco, Ivo Fernández Sánchez y Rodolfo Rodríguez, militantes del guiterismo, en común con miembros del Partido Comunista. La acción dejó un saldo de 14 muertos y numerosos heridos. En *La Revolución del 30: sus dos últimos años* José A. Tabares del Real escribe: "… los golpes propinados por el **Ejército Libertador**, tropa de choque del PCC, dirigido por Ramón Nicolau, (grupo) al que hay que acreditar numerosos sabotajes, su acción contra la concentración fascista abecedaria de junio…" (Editorial de Ciencias Sociales, La Habana, 1975, página 306).

Segundo: En el libro de entrevistas *Secretos de Generales*, de Luís Baez, Filiberto Olivera Moya, alguien que heredó de su padre las simpatías por el Partido Comunista, nos cuenta:

"En 1940 decidí regresar a Santa Clara (con el objetivo) de participar en las elecciones. Cuando llegué me fui directamente a San Diego del Valle. Allí me entrevisté con Tomás Díaz, que era el secretario del Partido Comunista. Le planteé que quería cooperar en las elecciones para evitar que ganaran los conservadores o los liberales… Me mandó a hablar con Emiliano Lugo Ochoa que era el candidato a alcalde que respaldaban los comunistas. Este aceptó mi apoyo. Le pedí que me diera dos o tres personas de confianza, aparte de las que (ya) yo tenía."

"En total logré armar a más de 100 hombres y montarlos a caballo. Como tenía muchas relaciones, cuando venían los guardias me avisaban y me iba por otro lado."

"Los conservadores contaban con el respaldo de Arturo González, conocido como el pato, que andaba con más de un centenar de personas armadas… El primer combate se dio en el Jobo, frente a la caza del terrateniente Ulises Camacho. En la acción perdió la vida uno de mis hombres."

Narra luego Olivera, ya general castrista, dos enfrentamientos más, uno de ellos en presencia de Pancho Infiesta, el candidato a alcalde de la otra facción. Y cuenta que "los órganos represivos tenían órdenes de capturarme", lo que sin embargo no impidió que con total impunidad se paseara por toda la región y que el día en que se efectuaron las elecciones distribuyera a sus hombres por todos los centros de votación, sin que nadie, incluidos sus oponentes, se lo estorbaran, como a continuación cuenta:

"El día de las elecciones distribuí a mis hombres en los distintos colegios electorales. Tenían instrucciones precisas de que el voto fuera libre. No podían permitir la compra de cédulas y al que llevara dinero para esos fines se lo expropiaban. Llegamos a requisar 75 mil pesos."

"Nuestro candidato salió electo. El dinero obtenido (los 75 mil pesos) lo repartimos entre nuestra gente. Estuvimos tres días de fiesta. Finalmente decidí volver a La Habana."

Debemos agregar detalles importantes que Olivera prefiere no contar, poner en contexto otros a los que si hace referencia, y mirar con suspicacia ciertas cifras. En primer lugar, ese 14 de julio de 1940 no solo se votó a los alcaldes cubanos, sino también a los miembros del Congreso y al Presidente de la República. Se desprende de ello que este señor, que más adelante se caracterizará en la entrevista como anti-batistiano de toda la vida, en 1940 fue el puntal de que en una amplísima región rural de Las Villas Fulgencio Batista, candidato presidencial de la Coalición Socialista Democrática y por lo tanto del Partido Comunista, y sin lugar a dudas uno de los individuos más nefastos de nuestra historia, consiguiera elegirse Presidente.

En segundo, y lo que se deduce de manera obvia de su ya aclarada labor en pro de la candidatura del hasta hacía muy poco Jefe del Ejército Constitucional: cuando Olivera se refiere a las relaciones que le avisaban de que los guardias venían, esas relaciones no podían ser otras que los mismos guardias. Para cualquiera que lea críticamente, y no desde la posición de aquellos que ante cualquier documento castrista lo hacen como si de hagiografías o palabra revelada se tratara, es evidente que Olivera disfrutaba de una completa impunidad en la zona, y que gracias a ello regreso muy tranquilo a La Habana, a pesar de que sus aventuras habían dejado un muerto atrás. O al menos un muerto, que los suyos no eran ni mancos ni cegatos, y es por tanto muy probable que a alguien hayan dejado bastante tieso en el otro bando; aunque, claro, él no lo cuenta.

Pero hay más, resulta inconcebible pensar que la gente de Olivera se hiciera con el control de los centros de votación, sin encontrar resistencia de sus oponentes, a menos que las autoridades estuvieran detrás para amparar sus travesuras. Recordemos que durante el período republicano eran la policía o la guardia rural quienes custodiaban los colegios electorales. Y es que en verdad Olivera, el anti-batistiano implacable, no era más que un matón batistiano-comunista más, bajo la protección directa de Abelardo Gómez Gómez, coronel jefe militar de Las Villas.

Por último debe mirarse con mucho recelo esa cifra que según Olivera incautaron, o robaron, el día de la votación. Si se leen los inflados números que según la sección *En Cuba* de la revista Bohemia distribuían los partidos políticos de la coalición electoral gubernamental 7 años después, en los barrios de La Habana, cuando el país ya había salido de la crisis que lo asoló durante toda la década de los treinta, y se comparan con estos 75 mil pesos mencionados por Olivera, a uno no le cabe más que preguntarse: ¿Exagera, o es que San Diego del Valle era un pueblo dedicado a la minería aurífera por entonces? En un partido rural de algo menos de 10 000[7] votantes hubieran tocado a más de 7 pesos y cincuenta centavos por voto. Todo un dineral en esos tiempos.

¿O quizás es que el eficaz combatiente Olivera no solo se ocupó de asegurar el triunfo electoral de la coalición batistiana en ese municipio, sino en varios barrios rurales de otros colindantes como Santo Domingo, Quemado de Güines, Sagua la Grande…? En dicho caso habría que admitir que gracias a una fuente confiable podemos establecer que el Partido Comunista contribuyó, mediante la labor violenta de uno de sus simpatizantes, a dicho triunfo en quizás el 1,5 % del territorio nacional.

¿Habrá sido este el único caso?[8]

Lo que en realidad sucedió en junio-julio de 1940 fue que los ñángaras, dizque materialistas dialécticos, durante la campaña electoral destacaron por sobre todo el color de la piel de Batista y lo proclamaron como el protector de la raza negra, que estaba

---

[7] El censo de 1943 registra para San Diego del Valle 16 526 habitantes.

[8] Cabe también la posibilidad de que mucho de ese dinero fuera robado por Olivera y su pandilla no precisamente a los sargentos políticos del bando contrario, sino a ciudadanos neutrales y hasta a sus propios simpatizantes no comunistas.

nada menos que protegido por el "espíritu" de un indio "putumayo".

Llegaron aun a crear una nueva porra que golpeaba a quienes en los cines abucheaban la imagen de "El Mulato Lindo", cada vez que este aparecía en pantalla, e intervenían como provocadores en los actos electorales oposicionistas. De su actitud parcial y gansteril en los colegios electorales, el día de las elecciones, ha quedado de hecho bastante evidencia escrita en la prensa, o en los testimonios orales de la época. Es esta en sí la explicación del posterior agradecimiento de Fulgencio Batista para con los jerarcas del *ñangarismo*.

No en balde hasta una botella de ministro sin cartera, o sea, sin otro contenido de trabajo o responsabilidad que pasar a cobrar, le resolvió "El Indio" a su cúmbila Blasito Roca.

Tercero: Los sucesos del Teatro Principal de la Comedia el 30 de septiembre de 1940, un hecho en que los comunistas disolvieron a tiros un acto del partido auténtico en recordación de la memorable manifestación universitaria ocurrida 10 años antes, bajo el Machadato.

En su artículo *La muerte de Jesús Menéndez: una historia mal contada*, publicado por la revista Espacio Laical[9], Newton Briones Montoto nos cuenta lo sucedido:

"Impedir aquel acto, por cualquier medio, fue la consigna (de los comunistas). Manuel Porto Pena, jefe de los grupos de autodefensa del partido, sería el encargado de la tarea. En la comitiva iba también Rolando Masferrer Rojas, militante comunista que acababa de regresar como voluntario en la Guerra Civil Española."

---

[9] Espacio Laical #2, 2016, página 78.

Un poco más adelante Briones Montoto cita a uno de los participantes de la acción, quien lo cuenta nada menos que en un libro editado no hace mucho en Cuba[10]:

> "Cuando arribábamos al teatro, se inició un gran tiroteo. En medio de aquella balacera, reparamos que en la puerta se encontraba un policía, supuestamente, como custodio del orden. Pero él participaba en la reyerta atacando a los gánsteres (militantes auténticos-nota de Briones), en defensa de nuestros compañeros. Con los años tuvimos la oportunidad de conocer, personalmente, a ese policía; era un miembro del Partido, infiltrado en el cuerpo policiaco. Su nombre: Octavio Rodríguez. Después del triunfo de la Revolución fue nombrado segundo jefe del Gabinete de Identificación[11]."

Solo agregaré a lo dicho que los muertos fueron cuatro y no tres, como sostiene Briones Montoto en su artículo, y que al menos dos de ellos eran jóvenes simpatizantes del autenticismo: Francisco Edelmiro Flores Iturralde y Pedro Viol Cisneros, y que entre los heridos de aquel día estuvo Orlando León Lemus "El Colorado". Alguien que carga, es cierto, con muchas culpas, pero quien en verdad nunca transigió con Fulgencio Batista, y que combatiéndolo murió. A diferencia del general Olivera y de tantos otros, que tantas casacas han cambiado en sus vidas.

---

[10] García Gutiérrez, Luis (Fisín): *En torno al sillón. Apuntes de vida y batalla.* Editorial Ciencias Sociales, La Habana, 2010, página 51.

[11] Cabe replicarle al tiratiros comunista Fisín que muy poco probablemente todos los que se reunían en el teatro, a recordar un hecho como el del 30 de septiembre de 1930, fueran gánsteres. También afirma este personaje, con total desparpajo, que una de las dependencias más importantes de control ciudadano bajo el Castrismo tuvo, a poco del triunfo de la Revolución, como segundo jefe a un ex policía de Batista y supuesto espía comunista.

Cuarto: El asesinato de Sandalio Junco el 8 de mayo de 1942. Líder del obrerismo auténtico, y que si a alguien amenazaba era a los comunistas en su monopolio sobre los sindicatos. Porque resulta indiscutible que antes de eliminar a una figura de 2ª fila en el partido auténtico, su némesis por entonces, el ya general y hasta presidente constitucional Fulgencio Batista habría preferido mandar a matar a Grau, a Chibás o a Carlos Prío.

Para el destino de Sandalio se daba por demás la circunstancia agravante de que tras haber sido miembro del Partido Comunista se convirtiera en el líder del trotskismo nacional, entre 1932 y 1933, o de que posteriormente militara en la Joven Cuba de Guiteras, o más tarde aun en el PRC (Partido Revolucionario Cubano, Auténtico). Era, en consecuencia, todo lo más detestable para un comunista de aquellos años: un traidor y un seguidor de Trotsky; y ya sabemos lo que le esperaba a cualquiera incluido en alguna de esas dos categorías de ponerse al alcance de los seguidores de Stalin[12].

Sandalio se proponía ese día ser el orador principal en un acto en la ciudad de Sancti Spiritus, en recordación del séptimo aniversario de la caída en combate de su ex jefe Guiteras. Sin embargo, desde varios días antes uno de los sindicatos comunistas había inundado esa ciudad central con unos panfletos que solo decían: Junco no hablará.

En previsión de lo que pudiera ocurrir el alcalde auténtico de la ciudad prefirió desplazar el homenaje para la alcaldía, que se encontraba en un segundo piso, sobre la estación de policía nacional, y por la cual había que necesariamente pasar para

---

[12] *Stalin*, no era más que el nombre que el camarada Iósif Vissariónovich Dzhugashvili empezó a usar allá por 1912, cuando la ruptura del socialismo marxista ruso, y significa "hecho de acero"; Blas, el líder del comunismo republicano, para estar en sintonía en lo de la rudeza con su paradigma, escogió lo de Roca.

acceder a la sala del homenaje. La noche del acto, significativamente, y aunque el alcalde le había impartido órdenes al jefe de la policía de registrar a todos los que asistieran, solo a los militantes auténticos se los desarmó, mientras que a los comunistas ni tan siquiera se los registró.

El asesinato lo llevó a efecto un comando comunista encabezado por Isidro Pérez, y del cual formaban parte entre otros Domingo Cordero, Catalino Monteagudo, el futuro comandante y Coordinador Nacional de los CDR Armando Acosta, y tres hombres más. Al acceder Sandalio a los micrófonos Armando Acosta gritó: ¡Negro traidor, lacayo del Imperialismo!, al tiempo que vaciaba el cargador de su pistola contra el techo. Fue cuando los asistentes voltearon la cabeza hacia el origen de los gritos y disparos, al fondo de la sala, que Isidro Pérez, situado de modo estratégico muy cerca de la tribuna, aprovechó para descargar su arma sobre Sandalio y otro dirigente sindical auténtico. Acto seguido uno de los integrantes del comando, armado de un cuchillo, intentó llegar hasta el cuerpo del caído Sandalio, lo cual se lo impidió un militante auténtico que lo dejó muerto de un silletazo.

Ya para entonces los demás miembros del comando comunista abandonaban el local al saltar por una ventana sobre los techos de las casas circundantes, mientras otros tres miembros del Partido, que se habían infiltrado dentro de la multitud, sirvieron de testigos falsos, a cuyos testimonios prefirió dar credibilidad el jefe batistiano del puesto de policía.

Quinto: Los sucesos del 13 de abril de 1947 en el local del sindicato de la Aguja, en que los comunistas mataron a dos representantes del obrerismo auténtico. Pero dejemos que sea Enrique de la Osa, director de la mencionada sección *En Cuba*, una fuente que por su historial no podría ser acusada de parcialidad contra los ñángaras de Blas y Lázaro Peña, quien nos narre el suceso desde su sección En Cuba de la revista Bohemia:

"... más de 100 delegados azucareros del PRC (el Partido Auténtico) iniciaron una marcha sobre el Sindicato para reclamar sus documentos. Enterarse de ello en la CTC y salir de allí en tres automóviles llenos de partidarios de Lázaro Peña fue un solo paso. Disputaron dentro del edificio y se produjo el incidente. Abundantes disparos partieron de ambos bandos. Balance: El obrero auténtico Félix B. Palú, muerto, y su compañero Roberto Ortiz, herido".

La tropa comunista, no debe dejar de decirse aquí, iba capitaneada por el Zar Rojo del puerto de La Habana, Aracelio Iglesias, santero y guapetón de solar a quien Batista durante su periodo de gobierno siempre consideró su ecobio.

Ahora, ¿por qué en su momento ese pistolerismo comunista resultó mucho menos visible que el de los grupos post-revolucionarios bajo las administraciones auténticas, y porque a ochenta años aún es así en las principales interpretaciones históricas de la década de los cuarenta en Cuba? Y esto a pesar de que ambos fenómenos no son equiparables, y que sin lugar a duda el comunista entre 1938 y 1944 resultó más extendido que el auténtico entre 1946 y 1952.

Quizás lo sucedido con la manera en que se contó *a posteriori* de la Revolución ese quinto hecho referido más arriba nos ayude a comprender un poco mejor las razones de esta diferente recepción de fenómenos semejantes. Es revelador el que en el manual de Historia de Cuba en el cual estudió a mediados de los ochentas quién escribe estas líneas, por su redacción se dejara entender que los muertos de aquel día habían sido comunistas, asesinados por pistoleros mujalistas (auténticos). O sea, la historiografía oficial de un régimen que se presentaba como heredero del Partido Comunista republicano, llegó a invertir de la manera más burda la realidad de un hecho clave de nuestra historia. Lo cual era viable de hacerse en un momento en que se suponía que el "indetenible avance de los pueblos" le permitiría a los constructores del

Comunismo cualquier impostura histórica, sin peligro de que en ese futuro paraíso terrenal alguien viniera a descubrírsela.

Pero tampoco deja de ser igualmente revelador que el epígrafe en cuestión fuese reescrito tras la desaparición del campo socialista, y con él de la seguridad que a las imposturas históricas le permitía la confianza absoluta en una única y necesaria evolución de las sociedades. Solo que en la nueva redacción se optó por tampoco decir toda la verdad, y en ella el joven lector nunca llega a enterarse de otra cosa de que por los días en que los mujalistas, "esbirros a sueldo del imperialismo yanqui", intentaban arrebatar a los seráficos ñángaras su legítimo control sobre los sindicatos, un par de obreros, vaya a saber Dios partidarios de quién, murieron a consecuencia de las refriegas.

En sí, la incongruente e invertida recepción de la magnitud de ambos fenómenos pistoleriles, por sus contemporáneos, se explica por toda una serie de factores relacionados.

En primer lugar, por el lugar social en que se desenvuelve cada uno de ellos. Mientras el pistolerismo de los grupos postrevolucionarios imperó más que nada en los altos círculos políticos de La Habana, y en su Universidad, el comunista se desarrolló por todo el país y tuvo a los colectivos laborales como su principal centro de interés. Esta diferencia explica en parte por qué resultó menos visible en su momento, ya que su área de actuación se encontraba bastante menos en la picota pública de los grandes medios periodísticos del país.

No era lo mismo ajusticiar de manera espectacular a un viejo machadista o batistiano en frente de la redacción de algún periódico, o a un miembro de otro de los grupos en el interior de un café con vista al Parque de La Fraternidad, que amenazar más discretamente a algún anónimo obrero portuario u azucarero, inconforme con el control comunista de su sindicato, en un lejano pueblo de provincias o en algún barrio de la periferia de La Habana. Lo segundo ocurría con una frecuencia cien veces mayor que lo primero, pero a su vez era mil veces menos visible.

Pero por sobre todo hay que tener en cuenta el diferente tratamiento de la información por los gobiernos respectivos que ampararon cada uno de los pistolerismos en cuestión. Por un lado mientras los gobiernos auténticos nunca limitaron ni restringieron la libertad de prensa, con lo que cualquier nimiedad no tardaba en ser de conocimiento público, sobre todo a la manera sensacionalista a que estaba habituada la prensa del periodo, bajo Batista nunca hubo un grado de apertura ni remotamente semejante. Bajo los auténticos se podía acusar de manera histérica a un policía o un guardia rural por haberlo mirado a uno "atravesado" (sin detenerse a averiguar si el agente o el número eran bizcos), acusación que en tiempos de Batista Presidente era muy probable que lo llevara a uno a terminar con un litro de "palmacristi" entre el ombligo y el espinazo, o acribillado a balazos en virtud de la por entonces muy aplicada "Ley de Fugas".

Por su parte, la razón del posterior olvido conveniente de uno de ellos, el pistolerismo comunista, y de la sobre exposición del otro, el post-revolucionario, se explica más que nada por los intereses políticos de quienes se apoderaron de Cuba tras el 10 de Marzo de 1952.

Fulgencio Batista justificó su golpe de estado en los excesos del pistolerismo post-revolucionario, por lo que durante sus siete años de dictadura y latrocinio se convirtió en la oficial la visión del periodo auténtico como un absoluto caos, en que a toda hora aquellos grupos se ametrallaban constantemente por las esquinas de La Habana.

Una versión que no tardaron en asumir, sin crítica, incluso los principales medios contestatarios por problemas de (mala) conciencia: Ellos habían sido quienes habían contribuido de manera determinante a debilitar las bases ideales de la democracia en la mente del ciudadano cubano, con sus campañas periodísticas en que daban oído a exageraciones pantagruélicas como aquella de que el presidente Carlos Prío se había comprado un rascacielos en New York[13], o con su habitual descripción de La Habana de la época como de un campo de batalla en todo semejante al Berlín de abril de 1945.

Por su parte, el pistolerismo comunista, relacionado con su anterior periodo de gobierno, fue por completo ignorado por Batista. A lo que contribuyó en no poca medida el que el comunismo nacional anduviese tan de capa caída en los cincuentas que ya casi nadie se acordaba de los ñángaras, ni tan siquiera cuando la discusión giraba sobre los importantes temas de la política internacional de entonces, en los que el comunismo internacional era una de las dos fuerzas determinantes.

Por su parte, al ser la denigración más absoluta de la democracia el principal objetivo ideológico del flamante régimen castrista, todo lo que en la infamación del periodo democrático de los cuarenta se les hubiera ocurrido a críticos pasados, presentes o futuros, fue aceptado como artículo de fe a partir de 1959. No importaba si esas creaciones lo eran del recién derrotado régimen batistiano.

Pero además, como Fidel Castro y su pandilla sabían desde un inicio que iban a necesitar a los comunistas para los rejuegos geopolíticos en que no tardarían en verse obligados a entrar, además de por la ayuda que la cohesión y disciplina

---

[13] Muy próspera debió ser una República en que sus presidentes lograban robar lo suficiente para adquirir el *Empire State*, o en la cual con lo robado de lo que se dedicaba a la educación, por el ministro del ramo, algunos sostienen se llegaría a levantar a la ciudad de Miami.

de los ñángaras podía prestarles en sus planes de control totalitario interno, de inmediato se unieron a la anterior campaña batistiana para olvidar de manera harto conveniente las malas tendencias pistoleriles de aquellos.

Naturaleza de la Revolución Cubana

¿En qué ha consistido, cuál es la verdadera naturaleza de eso que obstinadamente insistimos en llamar Revolución *Socialista* Cubana (de 1959)? Para responder a esta pregunta intentaremos ubicar correctamente al proceso revolucionario cubano entre algunos otros paradigmáticos ocurridos durante el siglo XX.

Dicho siglo ha sido el de la contraofensiva del mundo periférico ante el avance globalizador que, bajo la égida de Occidente, se había dado desde fines del siglo XVIII. Desde este punto de vista los procesos soviético, chino o iraquí, comparten la misma esencia última: La resistencia de las antiguas sociedades ancestrales y extra-occidentales, revitalizada por unas nuevas *elites* suyas, a medias occidentalizadas, ante el perfilamiento de un sistema mundo capitalista... o al menos de un Mercado Mundial con su centro en las grandes capitales de Europa y Norteamérica.

El caso particular ruso es un ejemplo paradigmático de lo dicho. En la coyuntura de una profunda crisis, provocada por la evidente inferioridad rusa: cultural, económica y social, para enfrentar en una guerra a una nación occidental moderna, una minúscula minoría se ha hecho con el poder.

Más que gracias a alguna razón trascendental, lo ha logrado por una feliz jugada política: La minoría bolchevique es la única facción política que ha admitido sacar de inmediato al país de la 1ª Guerra Mundial, sin cuidarse de la opinión de sus aliados franceses, británicos y norteamericanos. Actitud que le ganará el apoyo incondicional del gigantesco ejército de reclutas campesinos, que en ese conflicto ha puesto la mitad de las bajas. Apoyo que a partir del 7 de noviembre de 1917, al hacerse los bolcheviques con el poder en Petrogrado, se manifiesta de un modo *sui generis*: Los soldados que debían haber defendido a la naciente república, ávidos de escapar de los frentes, demostrarán su apoyo a los bolcheviques nada menos que con los pies, ya que de inmediato los ejércitos comenzarán a ser desertados en masa.

El nuevo poder que a continuación se forma en Rusia no será uno de obreros y campesinos, aunque individualmente una parte significativa de sus miembros provengan de dichas clases, sino el de una minoría consciente de la necesidad de modernizar al país en unos pocos aspectos claves, para de esa manera mantener viva una pretendida *rusidad*, frente a los embates de *lo occidental*. Una nueva élite que se mostrará mucho más eficiente que la que le precedió en aprovechar, de lo creado por Occidente en la Modernidad, aquello que le es útil para mantener a la sociedad rusa atada a sus maneras ancestrales profundamente despóticas y antidemocráticas: industrialismo relacionado de modo directo con el abastecimiento del ejército y con su organización, técnicas policiales... pero también, y por sobre todo, una ideología tan ambigua como el marxismo, que a pesar de presentarse como la quintaesencia del progresismo, se demostrará en las realidades del siglo XX más útil para armar sociedades a la usanza faraónica que a la post-capitalista.

Una élite que en definitiva cumple su cometido casi tan eficientemente como la que encabezó Pedro el Grande, dos siglos antes.

¿Cabe meter al proceso revolucionario cubano en el mismo saco con el ruso-soviético?

Lo primero que nos salta a la vista al compararlo con aquel es el hecho de la mucha mayor participación política en el nuestro. Si en el ruso-soviético son unas minorías que se hacen del poder mediante promesas sencillas (pan, paz y tierra), en medio de una situación de crisis profunda y lo fundamental, palpable, para ejercerlo casi en seguida en solitario y por medio del terror indiscriminado, en Cuba no ocurre de igual modo. El poder se ha establecido no mediante una hábil componenda política armada sobre el hambre o las vicisitudes de una guerra atroz, sino gracias a la anuencia consciente de una mayoría de la población. Quien lo dude puede consultar los *surveys* de la revista Bohemia, a inicios y mediados de 1959.

La diferencia esencial, la que obliga a abandonar la pretensión de situar al proceso cubano junto al ruso-soviético, es que Cuba, al contrario de la Rusia a medias asiática, es sin duda una nación occidental. Solo que una nación occidental secundaria, pequeña, de escasa población, incapacitada para la autarquía económica y a la vista casi de las costas de la que, *a posteriori* de la 1ª Guerra Mundial, habrá de convertirse en la nación central del proceso globalizador: Los EE.UU.

Esta radical diferencia se nos transparenta en que si en Rusia la conciencia de la desventaja y relegación nacional por el avance de un proceso homogeneizador no concebido desde la *rusidad*, sino desde *lo occidental*, solo se da en una minoría, en Cuba la conciencia de la inferioridad de facto del cubano ante lo americano es más bien un (re)sentimiento nacional general a partir de 1901.

A diferencia del ruso, cuyo completo mundo coincide con la docena de verstas cuadradas de tierra en que se desenvuelve su vida, el cubano, cuyos ascendientes en algún momento han cruzado al menos un océano, lo fue desde un inicio por su ansia consciente de abrirse al mundo, por su clara aspiración a desembarazarse de los rígidos corsés que le imponía la mentalidad de cruzada cristiana, esencial hasta hace muy poco a amplios sectores en España.

En la concreta satisfacción de tal ansia de apertura no es extraño que comenzáramos a crearnos a conciencia una idiosincrasia propia que completara la que ya de hecho iba distinguiéndonos de matritenses, sevillanos, leoneses o aun canarios. Lo que conllevó a su vez a buscar modelos más allá de nuestras costas en aspectos no tan prosaicos y automáticos como el comer, el andar o el decir. Así, los proyectos políticos y económicos cubanos de mediados del siglo XIX, que mantendrán de alguna manera su vigencia hasta los primeros años del XX (con exactitud hasta la crisis financiera de 1920, que dio fin a las "vacas gordas" y comienzo a las "flacas"), imitarán abiertamente primero, y hallarán luego su inspiración en las formas que la política y la economía han adoptado en la única nación americana independiente que no ha terminado en un estado fallido para mediados del XIX, y en que sus habitantes viven constatablemente mucho mejor que sus ancestros de antes de la independencia: los Estados Unidos de América.

Es en la búsqueda de realizar dichos proyectos políticos y económicos que nos habremos de lanzar a nuestra Guerra de los Treinta Años (1868-1898) por la Independencia. Guerra sin comparación posible en las guerras humanas, por sus marcadas desproporciones en nuestra contra, y que nos hará creer merecedores de situarnos entre las naciones líderes a nivel mundial. Guerra, sin embargo, de la que saldremos con el monumental fiasco en que habrá de terminar convirtiéndose la Intervención de 1898 para 1901: Nuestro paradigma político y económico, en el cual habíamos buscado los modelos de civilización y modernidad que contraponer a la medievalidad española, nos decepcionara muy a lo profundo al demostrar con la Enmienda Platt que no nos creen capaces de seguir su misma senda, por nosotros mismos.

Desilusión que es incluso patente en la obra de un confeso anexionista como José Ignacio Rodríguez, quien en *Estudio Histórico sobre el origen, desenvolvimiento y manifestaciones prácticas de la idea de la Anexión de la Isla de Cuba a los Estados Unidos de América* no se ha propuesto en sí hacer propaganda a dicha idea. Mediante este importante libro Rodríguez pretende poner frente a frente los modelos de anexión prevalecientes antes de 1860, y de los cuales los *Informes* presentados respectivamente a la Cámara y el Senado el 24 de enero de 1859 constituyen su expresión más acabada, con los que propugnaban para la fecha de composición de la obra (1899) "McKinley y sus amigos". Modelos aquellos primeros en los que los "partidarios (cubanos) de la anexión creyeron siempre, y continúan creyendo, a pesar de todo", ya "que por medio de aquella (la anexión a los modos de los *Informes*) podría alcanzarse para su patria amada la mayor suma posible de dignidad, de libertad, y de grandeza material y moral", muy al contrario de lo que ocurría con los últimos (los de "McKinley y sus amigos"), encaminados más bien hacia la consecución de una Isla "gobernada militarmente, como colonia, o (considerada como) posesión habitada por gente de raza y civilización inferior, a la que hay que enseñar el arte de gobernarse, e indigna de ser dejada a sus propios destinos", y que por tanto resultaban inaceptables a los anexionistas que mantenían dicha posición por patriotismo.

Es por esa desilusión que a partir de 1901, y actuando como si en verdad la telaraña de los poderes mundiales estuviese organizada a modo de un justo mecanismo de premio y castigo, premiando primero que nada las virtudes guerreras y los méritos bélicos de cada pueblo, y no como casi siempre en la realidad, lo abrumador de los números geográficos o censuales, los cubanos, creyéndose víctimas de un malintencionado despojo, serán cubanos por esa sorda aspiración que alienta en lo profundo de todos sus corazones a reponerse al lugar que creen merecer en el sistema mundo. Lugar que como condición *sine qua non* deberá ponerlos a un mismo nivel con los americanos. Aspiración, o más bien sentimiento, no obstante, que aunque corroe el alma, todos lo tienen por irrealizable... al menos hasta 1959.

El proceso revolucionario cubano que se hace con el poder en esa fecha de ninguna manera puede ser clasificado junto al grupo de aquellos otros en que ciertas élites semi-occidentalizadas tratan de aprovechar algo de la occidentalización para evitar que sus culturas no occidentales sean absorbidas. En este sentido, si logramos desprendernos de ciertos prejuicios, veremos que solo otro proceso del siglo XX tiene claras semejanzas con él: el nacionalsocialista alemán.

En ambos procesos, sobre algunas diferencias significativas, como la de que en el cubano lo racional, al menos al nivel de discurso, predomina sobre lo irracional (en la actuación concreta la relación es a la inversa), se advierten innumerables similitudes:

1 Los dos ocurren en naciones occidentales, aunque no del núcleo, que por su pasado y por su espíritu se creen merecedoras de una mejor posición en las telarañas de ese poder mundial que se globaliza. En el caso alemán solo recordaremos la larguísima tradición del Sacro Imperio Romano-Germánico, al cual durante siglos, al menos en teoría, se subordinaba hasta el poderoso Reino de Francia.

En el nuestro, además de lo más arriba referido, es bueno entender que Cuba, y por sobre todo La Habana, ha sido durante casi doscientos años el único pedazo de lo que fuera el imperio español que ha continuado viviendo como tal: como imperio. Su único centro expansivo no anquilosado. Desde el cual se han asestado las únicas grandes derrotas que España le infringiera a los nuevos imperios europeos que en los siglos XVII y XVIII pujan por despojarla de sus dominios: La que terminó por propinarle el corso cubano (en combinación con el vasco, para ser justos) a las piraterías y el corso de ingleses, franceses y proto-americanos; y la recuperación de las Floridas, en el marco de la Guerra de Independencia Americana.

2 Naciones que han tenido como modelo de sus clases medias a otra más hacia el centro de occidente, pero las cuales naciones a su vez, con sus actos hacia ellas, han terminado desilusionándolas de muerte en algún momento. En el caso alemán, la Francia revolucionaria, que con su maniquea identificación de lo germano con lo aristocrático y lo feudal, en contraposición a lo celta como lo popular y moderno... pero por sobre todo con el concreto expansionismo napoleónico del otro lado del Rin, terminará inspirando *Los Discursos a la Nación Alemana*, de Fichte, y luego la jerigonza oracular de Hegel; primeros fundamentos ideales del futuro nazismo.

En el caso cubano, ya nos hemos referido más arriba a nuestra singular relación espiritual con los *americanos*.

3 Ocurren, además, como resultado del desgaste de avanzados intentos democrático-constitucionales. Desgaste achacable más que a las propias falencias de dichos intentos (que en ambos casos las hay, sin dudas), a las expectativas nada realistas que en ellos ha puesto la mayoría nacional. Expectativas que se encuentran fuertemente predeterminadas por la exagerada idea que dichas mayorías tienen de la posición que debe merecer su nación en el contexto internacional, e incluso, para ciertos sectores intelectuales, por la creencia consciente en un destino que su nación debe cumplir en dicho contexto.

En conclusión: El proceso revolucionario cubano pertenece más bien al de aquellas naciones occidentales relegadas a un papel secundario en la globalización occidentalizante, y que poseedoras a su vez de un pasado imperial, han intentado revertir esa situación. O sea, que su naturaleza ha sido desde un inicio más cercana al nacional socialismo que al leninismo. La explicación de que haya tenido que reconvertirse superficialmente en un socialismo a la soviética está en el particular contexto internacional que le tocó vivir en los sesentas: En 1959 no había un hermano pueblo alemán que ayudara al régimen a que da paso la Revolución, el castrismo, en su ineluctable choque con los americanos. Es ese el por qué en la Primera Declaración de la Habana hubo necesidad de sustituirlo por otro pueblo hermano: el soviético.

La cuestión de la Unidad en nuestras Guerras de Independencia

Según nos cuenta la historiografía castrista fue la falta de unidad la que impidió el triunfo cubano en nuestras guerras de independencia. Las intenciones tras esta interpretación son clarísimas: Persuadirnos de la necesidad de la Unidad, y con ello de rendir nuestro criterio, nuestra libertad individual, en manos de Fidel y Raúl Castro, supremos intérpretes de los sueños y aspiraciones ancestrales de la Nación Cubana, únicos certificados sabedores de lo mejor para la Patria.

Según la versión de nuestra historia que sistematizó aquel manual (poco manuable) publicado por las FAR en 1964, si no se consiguió ganar la Guerra de los Diez Años, la culpa la tienen las divisiones que se sucedieron en el bando independentista desde que los camagüeyanos se negaron a acatar la autoridad *indiscutible* del "Capitán General" Carlos Manuel de Céspedes, y en lugar de la estructura militarista que los orientales querían imprimirle a la conducción de la guerra impusieron su visión civilista. Idénticamente, si en la Guerra del 95 no se logró vencer con claridad a España, antes de la entrada de los EE.UU. en la misma, la explicación de ello solo puede encontrarse en la naturaleza del Gobierno en Armas. En el mejor de los casos un atajo de ilusos que se prestaban bobaliconamente a todas las tenebrosas maniobras urdidas por aquel agente de la CIA que responde al infame nombre de Tomás Estrada Palma (la implicación de esa agencia en el asesinato de Julio César, en los Idus de Marzo del año 44 antes de Cristo, está firmemente comprobada para los castristas más obcecados, y esto no es una exageración mía...).

Nótese, por cierto, que en el caso de nuestra segunda guerra de independencia la explicación se simplifica, se caricaturiza al máximo. Se obvia indagar en la historia de ese conflicto, mucho más allá de lo más superficial, porque en esencia no hay en él nadie a quien convertir en "mártir" del discurso histórico oficial: Entiéndase, algún proto-Fidel Castro traicionado en su infinita bondad y desprendimiento personal por los malos cubanos al servicio de la proto-CIA, y cuya aciaga biografía habría hecho ver *claro* a nuestro Caudillo-Mesías actual la necesidad impostergable de adoptar una inflexible actitud centralizadora y unanimista (que Fidel Castro se convirtiera en un tirano se justifica para Eusebio *el Leal* en el pasado desagradecimiento de nuestros ancestros con El Padre de la Patria).

Y es que si en el 68 puede hacerse algo así con Céspedes, ya no cabe nada semejante en el 95. Martí murió muy pronto, y por otra parte su mayor opositor en las pocas semanas de guerra que alcanzó a vivir, resulta ser todo un imprescindible símbolo para el castrismo: Antonio Maceo, a quien es necesario mantener lo más intocado posible para asegurarse la comunicación emocional de ese discurso historiográfico con el sector negro y mulato de nuestra población. En consecuencia, de ninguna manera puede hacerse semejante uso de Martí, a quien las "traiciones", en el discurso oficial y oficioso, serán por lo tanto más que nada *a posteriori* y a su pensamiento, pero no a un supremo comando de la guerra que por otra parte es evidente nunca tuvo, ni mucho menos deseo.

En cuanto a Máximo Gómez, tampoco resulta un buen candidato para la tarea de mártir víctima del desagradecimiento y las asechanzas de los enemigos de la nacionalidad. No se consigue definir bien si por su mal ejemplo en eso del mantenimiento de la unidad, o por los motivos que tuvo para romperla más de una vez: Fue él en definitiva quien trato con el gobierno americano los términos de la Intervención, pasándole por encima al Gobierno en Armas, con lo que torpedeó las intenciones del órgano supremo de la Revolución de condicionar esos tratos a su reconocimiento por Washington.

Y muchísimo menos puede usarse a Calixto García con tales fines (los de crear otro profeta de la unidad, de aquellos que anunciarían la llegada definitiva del *Ungido-Unificador*), porque tampoco resulta él mismo un buen ejemplo. El Lugarteniente General que vino a sustituir a Maceo, tras su caída en combate el 7 de diciembre de 1896, también hacía lo suyo por allá por Oriente. Sin interesarse mucho por la opinión del Gobierno en Armas, y aun a ratos violando de modo flagrante sus leyes, como cuando nombró autoridades civiles para los poblados liberados al final de la Guerra, algo que solo podía hacer legalmente aquel.

Mas a pesar de lo que diga el interesado discurso historiográfico castrista, la realidad es que las guerras de independencia no se perdieron, o no se alcanzaron a ganar, por la falta de unidad mambisa, sino que más bien pudieron ser luchadas gracias a que en sí cada combatiente o cada tropa de las que participo en ellas lo hizo con un máximo de autonomía. No nos dejemos engañar, de ningún otro modo podría haberse peleado en Cuba con la increíble desproporción que en cualquiera de las dos guerras hubo entre independentistas-republicanos y pro-monárquicos españoles. Y este inevitable espíritu de libertad que tuvieron ambas guerras necesariamente también conllevaba el que con él se dieran fricciones constantes entre los combatientes, y entre ellos y los mandos e instituciones centrales de la Revolución.

En las dos guerras en lo principal las tropas mambisas lucharon separadas las unas de las otras, en una guerra de desgaste posicional más que de guerrillas, adaptadas muy bien a pequeñísimas regiones conocidas al dedillo en las que se mantenían sin salir nunca de ellas. O sea, las partidas mambises se conservaban en lo esencial en la cercanía de una determinada posición, preferida para campamento, que solo se abandonaba cuando las columnas españolas los obligaban a ello, pero solo para ir a acampar una legua o dos más allá, incluso menos, a la expectativa de que los españoles regresaran a sus bases para hacer ellos lo mismo.

La naturaleza cubana brindaba de inmediato lo necesario para volver a levantar el precario campamento en el mismo lugar. Bastaban unas pencas de guano, algunos palos, y de nuevo estaba la tropa mambisa en su posición inicial desafiando como antes al poder colonial y sus tropas. Las que en la reciente incursión inútil, a cambio de quemar par de bohíos y arrasar cuatro cordeles de sembrados, habían tenido en cambio numerosas bajas. A consecuencia de las enfermedades más que del machete o las balas, por cierto.

Una táctica funesta para la unidad de un ejército, es cierto, pero que por una parte se asentaba en la tradicional forma de vida de nuestros campos centrada alrededor del centro de la hacienda circular, el hato ganadero, y por el otro parece haber sido la única viable si tenemos en cuenta que aquellos hombres enfrentaban en cualquiera de las dos guerras a los mayores contingentes militares que alguna vez hayan cruzado el Atlántico de este a oeste. Cientos de miles de hombres a los que España armó con lo más moderno de su tiempo, distribuidos por una isla muchas veces más pequeña y estrecha que las Trece Colonias (entre 1868 y 1898 España envió a Cuba más soldados que la suma total de todos los contingentes militares que Europa haya enviado a América a partir de 1492), y a los que hubo que enfrentar con una casi nula ayuda exterior, más que con las armas con los rigores del clima y la naturaleza del trópico.

Esta táctica, que en el 68 tuvo a Vicente García como su máximo representante, y a Lagunas de Varona como su incapturable "castillo", llegó a su clímax en el 95 con la Campaña de la Reforma. Gracias a ella Máximo Gómez le causó varias decenas de veces más bajas al ejército colonial español que las que le hizo Antonio Maceo en todas las batallas campales de su campaña de Pinar del Río, y ello sin casi entrar en combate más que para cubrir sus pequeños movimientos de costado, sus verónicas taurinas. De hecho el Viejo, con este refinamiento hasta lo sublime de la táctica cubana de la guerra de desgaste posicional, había puesto a España a un paso del agotamiento total a principios de 1898.

Es muy poco probable que muchos se hubieran mantenido sobre las armas los 10 años que duró la Guerra Grande, si el motivo para hacerlo hubiera sido la fidelidad a un proto-Fidel Castro que desde la distancia era percibido como el oráculo vivo de los destinos de la Nación. En el aislamiento en que necesariamente se lucharon nuestras guerras de independencia una dinámica psicosociológica tal no habría funcionado. En semejante escenario ni aun un proto G-2 hubiera conseguido detener las deserciones; además del hecho comprobado de que los individuos idóneos para integrar tales instituciones segurosas no suelen sumarse nunca al bando más precario, y muchísimo menos a uno tan perdedor como el cubano entre 1868 y 1898 (los segurosos de hoy son los rayadillos de ayer: aquellos habrían sido como ellos, ellos habrían sido como aquellos).

La única manera realista de mantener aquellas guerras desproporcionadas, que no se podían ganar en los campos de batalla más que gracias a un afortunado golpe de mano inicial, como el que soñó dar Martí en el 95 con su Plan de la Fernandina, y en todo caso por una larga campaña de desgaste, era que cada combatiente se aferrara a un cacho de tierra con uñas y dientes, y que tuviera a su propio jefe con él, un camarada al que se conocía personalmente, con el que se compartía una fidelidad muy concreta y tangible. Pero también algo más: Fue el espíritu de libertad manigüero, ese tener los motivos de lucha muy adentro, en reclamaciones o intereses muy concretos y no en alguna fidelidad exterior a alguna idea representada siempre por algún *líder indiscutible*, el que mantuvo a nuestros ancestros en armas en medio de las guerras más desiguales que alguna vez la humanidad haya visto, al menos de este lado del Atlántico, y que, por sobre todo, a pesar de esa desproporción, no pudieran ser vencidos por las armas.

No fue la falta de una estructura unanimista en el campo insurrecto lo que determinó su derrota en el 68, fue la increíble desproporción entre los combatientes. La cual, no obstante, se pudo combatir más bien gracias a la guerra posicional basada en la más absoluta disgregación de las tropas y los mando adoptada por los independentistas.

El papel de Latinoamérica en la independencia de Cuba

Existe en Cuba una visión idílica de las actitudes que hacia nosotros han tomado a lo largo de la historia los latinoamericanos. Sin embargo, en verdad no ha sido el desinteresado espíritu fraternal el que precisamente ha guiado esas actitudes. Es cierto que en la tercera década del siglo XIX desde la Gran Colombia o desde México se elaboraron planes, y hasta se alistaron combatientes y recursos para sacar a España de la Isla. Mas no se hacía ello por desinteresado altruismo, sino por conveniencia propia.

Cuba, y por sobre todo La Habana, era por entonces la base principal desde la cual la Corona Española intentaba recuperar sus dominios y súbditos americanos, por lo que se imponía privarla de tan importante posición. Mil veces más importante entonces que hoy, en aquellos tiempos de navegación a vela, en los cuales la situación del presidio habanero en la encrucijada de estrechos, desembocaduras de ríos, corrientes marinas y vientos… la convertían en la pieza clave para el control del hemisferio al sur y al oeste de los recién independizados EE.UU. O sea, no era tanto ayudar a libertarse a los hermanos cubanos lo que importaba, sino sacar a España de la cabeza de playa estratégicamente situada en la cara atlántica de las Américas.

La posterior reescritura de la historia independentista latinoamericana ha convertido mucho de lo que no se hizo más que por interés racional, en desinteresado y etéreo idealismo internacionalista. Por ejemplo, se ha tergiversado la realidad de que si los dos focos de independentismo sudamericano (Venezuela y la Argentina) convergieron en Perú no fue por hermandad con unos peruanos que en su gran mayoría no deseaban la independencia, si no para eliminar del continente este bastión pro-monárquico y virreinal; el territorio más poblado por entonces en Suramérica, valga recordar. El que en Ayacucho las tropas derrotadas por Sucre hayan estado compuestas en su inmensa mayoría por peruanos debería habernos dicho mucho, si es que nuestros historiadores no hubiesen estado tan ocupados en soslayar y escondernos números y hechos con tal de eterizar nuestro pasado.

Otro buen ejemplo es el del Congreso Anfictiónico de Panamá. Con el paso del tiempo se nos ha hecho creer que fue EE.UU. el gran enemigo contra el cual iba dirigido el mismo, cuando lo que en verdad se pretendía en él no era otra cosa que organizar una gran alianza hemisférica (incluidos los EE.UU., que fueron invitados) para enfrentar el peligro que representaba el Brasil Monárquico. Desde el cual Bolívar temía un intento de España, con el apoyo de la Santa Alianza, de recuperar sus antiguos virreinatos y capitanías generales.

El que no era altruismo sino interés egoísta y racional lo que predominó en la política de las capitales latinoamericanas hacia Cuba, se nota en el radical cambio de actitud de aquellas cuando el clima europeo posterior a 1830 transformó en irreales los sueños de Fernando VII de recuperar territorios perdidos con el apoyo de las potencias europeas retrógradas. Por entonces se consideró, y no solo en Washington, sino en todas las capitales de las naciones independientes que daban al Caribe, que mejor permanecía Cuba en manos de España, uno de los poderes más venidos a menos de la época. Porque el miedo a en qué manos podía ir a dar no solo fue norteamericano, como la corriente más exitosa de la historiografía nuestra ha conseguido hacernos creer por casi 200 años. Fue por este tiempo que una frase del Libertador, luego convenientemente olvidada, era bastante repetida por los políticos latinoamericanos: "La libertad de Cuba puede esperar, nos basta con un Haití en el Caribe".

Más clara es, no obstante, la actitud poco solidaria que hacia nosotros tuvieron las repúblicas latinoamericanas en las postrimerías del siglo XIX. Escamotear esta realidad por la historiografía cubana ha conllevado, entre otras consecuencias, a que se hiciera aparecer el pensamiento político de José Martí de abstracto, cuando este por el contrario no pudo ser más concreto y apegado a su circunstancia. Martí, que pensaba y actuaba para resolver problemas reales, no era de ninguna manera un utopista, y muchísimo menos uno de esos académicos de los que ahora engruesan sosos currículos a su costa. Ese carácter consustancial de su pensamiento y actividad se ejemplifica admirablemente en los hechos en que se vio envuelto en la Conferencia Panamericana de entre octubre de 1889 y abril de 1890, y en sus escritos contemporáneos o inmediatamente posteriores a la misma.

En dicha Conferencia Martí debió enfrentar a cierta corriente de pensamiento anexionista, americano-cubana, de la que por cierto fue figura central otro cubano excepcional, José Ignacio Rodríguez, corriente que llegó a contar en un inicio con la aquiescencia de no pocas repúblicas latinoamericanas. Se pretendía nada menos que conseguir que un número importante de dichas repúblicas intermediaran entre Washington y Madrid para conseguir que este último le vendiera la Isla de Cuba al primero[14].

Martí se dio a la tarea de desbaratar esa anuencia de dos maneras. Primero mediante las maniobras políticas que pudo realizar al aprovecharse del interés argentino de no permitir el fortalecimiento de los EE.UU., lo que a la larga significaba fortalecer al aliado suramericano de estos y a la vez enemigo natural de Buenos Aires: Brasil; a la vez que al sacar partido del propio sueño de ciertos círculos de poder de la nación austral de que su país, que por entonces crecía económica y demográficamente a un ritmo alucinante, llegara algún día cercano a convertirse en el competidor hemisférico del propio Washington.

---

[14] Por cierto, el *affaire* terminó en nada porque España declaró su oposición a tal venta de parte de su territorio nacional desde que barruntó lo que se cocinaba por cierto grupúsculo americano-cubano.

Martí, cónsul argentino en Nueva York y corresponsal de La Nación de Buenos Aires en los EE.UU., consiguió en esta Conferencia cambiar la posición de no pocas repúblicas gracias a su alianza con el representante argentino a la misma, Roque Sáenz Peña, de quien se convirtió en una especie de guía intelectual desde los inicios de dicha Conferencia en octubre de 1889. A la vez que adoptó en la prensa latinoamericana el papel de vocero de los triunfos argentinos en la misma, con lo que evidentemente fortaleció su papel como el campeón latino del hemisferio.

Segundo, mediante una serie de artículos y ensayos pro unidad y espíritu latinoamericanista, que publicó desde las tribunas claves del periodismo latinoamericano a las que había conseguido acceder a lo largo de la década de los ochentas. En ellos intentó hacer inseparables, en los imaginarios al sur del Río Bravo, la idea de la necesidad de la independencia de Cuba a la idea latinoamericanista. Les presenta allí a unos latinoamericanos, bastante incrédulos en cuanto a ella, de posible la independencia cubana, si es que ellos se unen precisamente en un reclamo colectivo por la misma. Lo cual sería a su vez una demostración de fuerza de las repúblicas latinoamericanas ante los gigantes de siete leguas, quienes se lo pensarían mejor antes de intentar intervenir en una región en que las naciones fueran capaces de abandonar sus diferencias individuales para enfrentar en conjunto la defensa de sus intereses colectivos.

O sea, contrario a lo que los simplistas habituales pretenden, en *Nuestra América* Martí no les vendía a los latinoamericanos la idea de una Cuba libre que funcionara como una especie de Marca, de colonia militar de frontera desde la cual se conseguiría detener las ansias imperialistas de Washington. De más está decir que entre Martí y un Castro media una diferencia de capacidad política abismal, lo que se nos transparenta en su no apego a esta forma que implicaba convertir a Cuba en un estado militar en armas, y a los cubanos en los sacrificados y disciplinados cosacos que salvaguardarían la tranquilidad latinoamericana a sus espadas.

Debemos entender que en primer lugar para Martí los americanos no eran una nación homogénea en cuanto a sus actitudes hacia el más allá de sus fronteras. Recordemos su idea de los dos elementos que se combaten y equilibran al interior de los EE.UU., el tempestuoso y rampante y el de humanidad y justicia, al último de los cuales es imprescindible ganarse mediante el ejercicio de la virtud para que sea él quien sujete al primero en sus apetitos y demasías, dada la imposibilidad "de oponer fuerzas iguales en caso de conflicto a este país pujante y numeroso".

Mas tampoco era Washington para el Apóstol el único peligro en un mundo en que—entre 1884 y 1885— las principales potencias europeas se habían reunido en Berlín para repartirse todo un continente, o en que secretamente Alemania le proponía a la Gran Bretaña realizar demostraciones navales frente a las mismas costas norteamericanas (incluso años después, en pleno Siglo XX Americano, una escuadra conjunta anglo-germana le había entrado a cañonazos al litoral venezolano, limpiándose así con la Doctrina Monroe).

En esencia Martí creía, e intentaba hacerle entender a Latinoamérica, que solo se comenzaría a poner barreras efectivas a las amenazas externas cuando se alcanzase la unidad regional. La cual bien podría ensayarse y ponerse a punto en los acuerdos y conciertos necesarios para amparar y proteger el derecho de Cuba a la independencia.

Hasta qué punto esta propuesta suya estaba inspirada solo en su complejo juego político, que esencialmente consistía en conseguir que Latinoamérica asumiera la actitud necesaria a su plan de lograr una especie de equilibrio de poderes mundiales contrapuestos sobre la Isla, poderes que terminaran anulándose unos a otros para que así los cubanos ganáramos la imprescindible libertad de acción, imprescindible para ganar y mantener luego la independencia; o hasta qué punto había realmente comenzado a pensar en grande, a nivel continental, es imposible de definirlo con lo que hasta nosotros ha llegado de su obra y de sus comentarios personales.

De lo que si no caben dudas es que el 19 de mayo de 1895 la independencia de Cuba era el fin fundamental, obsesivo, de su vida, al cual todo lo demás se plegaba.

Es de destacar que Martí consiguió su propósito de desbaratar los intentos anexionistas más que nada gracias al primer recurso, ya que el segundo tuvo poco efecto en su momento más allá de una pequeña élite intelectual hispanoamericana disidente. El *Nuestroamericanismo* martiano fue pronto desplazado, o es casi mejor decir, no logró desplazar a un pensamiento que por entonces se puso de moda en Latinoamérica, el *Panhispanismo*.

Si alguna diferencia concreta puede encontrarse entre el Nuestroamericanismo y el Panhispanismo es, precisamente, la actitud hacia Cuba. Mediante el primero Martí esperaba conseguir el apoyo latinoamericano para la independencia de la Isla; el segundo, por el contrario, justificó el apoyo de las repúblicas al sur del Río Bravo a la causa de la conservación de la soberanía de España en Cuba. Sobre el contexto regional en que alcanzamos nuestra independencia escribió Herminio Portell Vilá:

> "Entre los errores más generalizados acerca de la historia de las revoluciones cubanas figura el de que nuestros mambises, si nunca obtuvieron el reconocimiento de la beligerancia por parte de los Estados Unidos antes de que este país entrase en la guerra, disfrutaron del apoyo y la simpatía de las repúblicas latinoamericanas. Nada más lejos de la verdad, ya que la América Latina, cuando no abiertamente partidaria de España, como en el caso de Argentina, por ejemplo, se mostró indiferente a la independencia de Cuba, aun aquellas naciones que como

Guatemala, Bolivia, Venezuela, etc., durante la Guerra de los Diez Años, de 1868 a 1878, llegaron a reconocer a la República de Cuba constituida en la Asamblea de Guáimaro. Hacia 1895 los cubanos no contábamos con una sola nación amiga en las dos Américas y algunos de los llamados "países hermanos" nos eran francamente hostiles".

Lo cierto es que en Latinoamérica se extendió una idea que España supo muy bien publicitar, y que aun en Cuba logró mantener a algunos buenos patriotas cubanos lejos del independentismo, adscritos en lo fundamental al autonomismo (desde la ilógica del castrismo y su supuesta "continuidad de pensamiento histórico" deberían haber sido los mejores cubanos; más el castrismo si por algo se ha caracterizado es por su inconsecuencia y su puerilidad): La de que Cuba, fuera de la órbita española, necesariamente derivaría hacia la americana.

Esto explica que la misma Argentina, que había combatido hombro con hombro junto a Martí en 1889 contra la idea de la anexión de la Isla a los EE.UU., en 1895 le brindara apoyo a España contra la Guerra Necesaria que aquel había levantado; o de que al más grande ejército que nunca jamás haya cruzado el Atlántico de este a oeste se le unieran oficiosamente reclutas que a combatir contra nosotros envió el Ecuador revolucionario, progresista... de Eloy Alfaro.

En el caso argentino son bastante evidentes los motivos políticos no altruistas de su política hacia la Cuba que, en sus campos, libraba la epopeya militar más grande de este hemisferio: Si en el 89 había apoyado una Cuba no norteamericana, que por entonces implicaría fortalecer a un Brasil que les disputaba la hegemonía en la cara atlántica de la América del Sur, en el 95 hizo lo mismo ante lo que consideró un disparate de los díscolos cubanos, y que a la larga traería como consecuencia la absorción norteamericana de Cuba. En el de Eloy Alfaro, al que hoy por amnesia histórica, o más bien por oportunismo castrista, le hemos levantado un monumento en La Habana, los motivos fueron un tanto más mezquinos y también ridículos: la adscripción al Panhispanismo parecía asegurarle el blanqueamiento a un cholo acomplejado de su evidente sangre india.

El caso mexicano es ya el extremo, no obstante. El país en el que Martí, en las horas que precedieron a su muerte en mayo de 1895, depositaba sus mayores esperanzas de obtener la ayuda necesaria para no tener que abandonarse en otras manos mucho más peligrosas, no envió en definitiva ni una bala al campo insurrecto y por el contrario gestionó nada menos que el que España le cediera la soberanía sobre la Isla.

Herminio Portell Vilá resume la participación de las "repúblicas hermanas" en nuestro difícil trance independentista:

"...la gran verdad de las relaciones interamericanas de 1895 a 1902 es que las repúblicas de la América Latina dejaron sola a Cuba para que se la disputaran entre España y los Estados Unidos, que alguna de ellas, México, hasta aspiró a participar de esa disputa y ser la beneficiaria de la misma, y que los grandes problemas, los grandes sacrificios y los grandes dolores de Cuba en sus esfuerzos libertadores y en sus años iniciales de independencia, con la intervención militar norteamericana y la exclusión de Cuba del Tratado de París, la Enmienda Platt y la mediatización de la soberanía cubana hasta 1933, fueron consecuencias directas del egoísmo, la incomprensión y hasta la hostilidad con que la América Latina consideró el caso de Cuba, la colonia que luchaba por emanciparse de la que en 1810 había sido mala metrópoli y en 1898 lo era cien veces peor".

Parafraseando a Emilio Roig de Leuchsenring, puede decirse que nuestra Patria no le debe su independencia, no ya tan solo a los EE.UU., sino incluso a unas supuestas "repúblicas hermanas" suyas.

Por cierto, que esta creencia latinoamericana de que Cuba dejada a sí misma necesariamente terminaría en manos norteamericanas se ha mantenido en el tiempo, ahora evolucionada en la otra más disparatada aun de que ese sería el inexorable final de la Isla en caso de permitírsele a los cubanos el ejercicio pleno de la democracia. Es de hecho esa creencia en la necesidad de que Cuba se mantenga como el presidio que fuera en la época colonial, como la frontera militarizada que los defiende de Washington, la que explica los apoyos, o al menos la discreta solidaridad pasiva, el silencio tolerante que hasta entre fuerzas políticas por entero contrarias a él ha encontrado el castrismo en Latinoamérica a lo largo de los pasados 60 años, e incluso hoy.

José Martí y Fidel Castro. Dos visiones encontradas sobre los destinos de Cuba y su posición en el mundo

En 1959, ante la evidencia de que Cuba no tiene las fuerzas suficientes para convertirse en la nación central hemisférica que solo parece consentir mandar, Fidel Castro va a encontrar en un aspecto secundario del pensamiento martiano, su *Nuestroamericanismo*, la posibilidad de hacer factible su intento de desbancar a los EE.UU. como el hegemón americano. Este *Nuestroamericanismo*, ahora que ha caído en el olvido la frialdad y hasta hostilidad con que en casi todas las repúblicas latinoamericanas se recibió nuestro último intento de liberarnos de España, es reinterpretado por Fidel Castro y sus principales seguidores como la piedra de toque ideológica que le faltaba a los proyectos radicalistas de inicios de República: Ya que no cabe hacer derivar a la Isla hacia el Océano Antártico, tras separarla de su lecho marino para alejarla lo más posible de los EE.UU., se deben buscar apoyos, o seguidores para enfrentarlos, ¿y dónde mejor que en América Latina, con sus más de doscientos millones de habitantes de por entonces?

Cabe cuestionarse, no obstante, el que la política latinoamericanista aplicada por Fidel Castro tenga en propiedad una verdadera raíz martiana. En primer lugar, porque Martí nunca concibió al *Nuestroamericanismo* más que como una idea política instrumental, engarzada en una más general, la de los *equilibrios vacilantes*. En esencia el *Nuestroamericanismo* debía servirle únicamente para enfrentar las circunstancias de su tiempo, mediante la movilización de las Américas Latinas en interés del logro de la independencia de Cuba.

José Martí, contrario a lo que pudiera parecernos tras una lectura suya muy superficial, desvinculada de su trayectoria vital y su circunstancia mundial, es un político que no tiene la cabeza metida entre las nubes, sino uno que se haya muy centrado en la consecución de sus metas-motivos. Sus reflexiones no son las divagaciones de uno de los tantos poetas-políticos o políticos-poetas que ha dado Iberoamérica, sino las de un hombre que tiene objetivos muy claros, muy enraizados como para convertirse en sí mismos en parte inseparable y principal de su vida. Objetivos en cuyo alcance encuentra problemas que debe resolver, respuestas que debe dar, y antes las cuales no da nunca vuelta atrás.

Si entre 1889 y 1891 emprende una serie de trabajos periodísticos y ensayos que podrían hacernos pensar que desengañado de sus afanes por Cuba ahora persigue la unidad de una patria más grande, la Latinoamericana al molde bolivariano, lo cierto es que como nunca antes ha estado enfrascado en la realización de su meta-motivo existencial. En ese periodo trascendental Martí no solo se ha dedicado a escribir, ha estado además haciendo altísima política con el fin de hacer fracasar ciertos planes de adquisición de la Isla de Cuba por el gobierno de Washington, mediante su compra a España. Desde su posición de representante consular de varias repúblicas sudamericanas en Nueva York ha estado maniobrando tras bambalinas junto al representante de la Argentina en la Conferencia Panamericana, Roque Sáenz Peña, para evitar la consumación de aquellos planes, a los que no son pocas las repúblicas latinoamericanas que le dan su consentimiento.

Es entonces que con su genial olfato de estadista ha comenzado a aplicar su diplomacia de ensueño y realidad, la que a solo dos meses de su muerte sistematizará, o más bien comenzará a sistematizar en el *Manifiesto de Montecristi*, y que desgraciadamente deja trunca su inopinada muerte en Dos Ríos (por sobre todo porque es diplomacia concreta, y no puro pujo teorizante): "La guerra de independencia de Cuba, nudo del haz de islas donde se ha de cruzar, en plazo de pocos años, el comercio de los continentes, es suceso de gran alcance humano, y servicio oportuno que el heroísmo juicioso de la

Antillas presta a la firmeza y trato justo de las naciones americanas y al equilibrio aún vacilante del mundo". O sea, la diplomacia del equilibrio de contrarios, de la anulación en ciertos espacios intermedios, el nuestro, de intereses en apariencias antagónicos. Lográndose dicha anulación gracias precisa y paradójicamente a una exacerbación de esos mismos intereses.

Para José Martí, que conoce muy bien a la Latinoamérica de su tiempo para saber la infactibilidad real de una posible unión suya en el futuro, ya no ni tan siquiera mediato, esta concepción del equilibrio vacilante es vital para sus planes de constitución de una Cuba, y Puerto Rico, independientes: Como en Nueva York en 1889, durante el Congreso Internacional de Washington, sabe que tiene que buscar el modo de evitar que los EE.UU. se entrometan en Cuba antes de poder poner a punto su República modelo, blindada para aquellos por su misma virtud, a la vez que impedir que alguna superpotencia europea decida recolonizarnos, como de hecho por entonces hacen en todo el mundo, y cómo parece haber intentado Inglaterra en 1892; intentona afortunadamente denunciada a tiempo por aquel otro titán decimonónico nuestro, Don Juan Gualberto Gómez.

En este sentido Martí intenta ganar los apoyos, para antes y después de la independencia,

(1) de México, con la idea de unas Antillas fuertes, que le garanticen su flanco derecho de los EE.UU. sin necesidad de acudir a ningún superpoder europeo, más peligrosos de por sí que los propios "gringos", como les ha demostrado su historia reciente;

(2) de la por entonces pujante Argentina, con la idea de que esas mismas Antillas sean un bastión amigo a medio camino entre los EE.UU. y el aliado hemisférico de estos, Brasil, a su

vez contrincante natural de Buenos Aires en la región sudamericana[15];

(3) de Inglaterra y de Alemania, con la idea de una nación abierta y no sometida a los dictados norteamericanos a las puertas mismas del canal transoceánico que aquellos están por abrir;

(4) y por último de los propios norteamericanos, con la promesa que le escribe al editor del *New York Herald*, el 2 de mayo de 1895, de que con "la conquista de la libertad" de Cuba se habrá "de abrir a los EE.UU la Isla que hoy le cierra el interés español". Promesa que por lo floja nos puede hacer dudar de la capacidad diplomática de Martí, al menos si hemos olvidado cuales eran para él los en realidad eficaces modos de detener las ansias anexionistas que pudieran nacer en aquel país.

Recordemos que para Martí, "En los Estados Unidos se crean a la vez, combatiéndose y equilibrándose, un elemento tempestuoso y rampante, del que hay que temerlo todo, y por el Norte y por el Sur quiere extender el ala del águila, y un elemento de humanidad y justicia, que necesariamente viene del ejercicio de la razón, y sujeta a aquel en sus apetitos y demasías", y dada la imposibilidad "de oponer fuerzas iguales en caso de conflicto a este país pujante y numeroso", es

---

[15] Con respecto a la Argentina Martí, cónsul de ese país en Nueva York y corresponsal en los EE.UU. de La Nación de Buenos Aires, guardaba grandes esperanzas. De hecho no hay país de la región que despierte la admiración de Martí al grado que la nación austral. Argentina crecía por entonces, en la década de los ochenta del *diecinueve*, tanto demográfica como económicamente a un ritmo muy superior a los propios EE.UU. lo cual hacía pensar al político cubano, a la manera que ciertos círculos de poder bonaerenses, que más temprano que tarde ese país sería capaz de equilibrar el poder de los americanos.

imprescindible ganarse al segundo elemento, mediante "la demostración continua por los cubanos de su capacidad de crear, de organizar, de combinarse, de entender la libertad y defenderla, de entrar en la lengua y hábitos del Norte con más facilidad y rapidez que los del Norte en las civilizaciones ajenas".

Martí, que aun para separarnos de España clamaba por una guerra "generosa y breve", no pretendía por lo tanto convertir a su país en un campamento, ni en llevarlo a una guerra suicida contra los Estados Unidos, sino en irlos "enfrentando con sus propios elementos y procurar con el sutil ejercicio de una habilidad activa", o sea, con la combinación de la demostración constante de nuestra capacidad como pueblo para vivir en democracia, más una sabia diplomacia, para de ese modo conseguir "que aquella parte de justicia y virtud que se cría en el país (los EE.UU.) tenga tal conocimiento y concepto" del pueblo cubano "que con la autoridad y certidumbre de ellos contrasten los planes malignos de aquella otra parte brutal de la población…"

Martí en fin no encuentra ningún inconveniente en que su República "con todos y para el bien de todos" pueda ser independiente en medio de un mundo heterogéneo e inestable. Por el contrario, él solo lo cree posible precisamente gracias a un inteligente aprovechamiento de dicha heterogeneidad e inestabilidad.

Muy por el contrario Fidel Castro cree que nuestra independencia no puede lograrse sino a través de la imposición por los cubanos, o más bien de los cubanos bajo su "sabia dirección", de una pretendida homogeneidad cubana a todo el hemisferio, e incluso a todo el planeta (Ernesto Guevara, mucho más autoconsciente que su compañero de luchas, tras su expedición al Congo belga reconoce que habían ido "a cubanizar a los congoleses"). Para Fidel Castro, o se es absolutamente independiente, o se es esclavo; o se es nación central o no se es nada más que una colonia. La visión de Fidel Castro, correlativa a su muchísima menor densidad intelectual y a los excesos de un temperamento dado a imponer su voluntad a cualquier costo, se basa no en los estudiados equilibrios internacionales, practicados por una inteligente diplomacia, sino en la unilateralidad impuesta por la violencia "revolucionaria".

Consecuentemente no debe de extrañarnos que para el *Comandante* solo pueda conservarse independiente a la Patria mediante la promoción de una cruzada que arrastre tras de sí a toda Latinoamérica. Bajo la guía de un estandarte que, con todo y el apresurado barniz de pensamiento de vanguardia con que siempre ha sabido presentarlo, en su esencia última es el mismo que adoptó el mundo católico tras el Concilio de Trento, por sobre todo bajo inspiración de Ignacio de Loyola.

El mito de Martí: entre la Voluntad y la Economía

De la interpretación de un hecho histórico significativo en la historia de una nación puede muy bien concluirse la orientación política de los interpretadores. Aquí tenemos esta fecha, el 24 de febrero de 1895, el día en que nuestros ancestros se fueron por última vez a la manigua, a luchar contra España.

Este hecho puede ser interpretado de dos maneras diferentes: A la fascista, como triunfo de la voluntad del Pueblo Cubano, encarnada en José Martí, en la consecución de un supuesto destino teleológico; o a la marxista, como la consecuencia de las contradicciones económicas entre los intereses nacionales cubanos y los de España, a resultas del que ya la economía de la Colonia se encontrara plenamente integrada en la de su vecino inmediato, los EE UU, y no en la de su distante y pobretona Metrópoli.

De más está decir que la interpretación oficial del régimen castrista, y de la que no se atreven a alejarse aun los historiadores más heterodoxos residentes en la Isla, es de una forma o de otra la primera. Lo que se entiende, ya que el régimen castrista se presenta a sí mismo como la culminación de ese pretendido destino teleológico, y a Fidel Castro como la reencarnación última y definitiva de José Martí.

No obstante, preguntémonos: ¿Tenía Martí tanta influencia al interior de la Isla como para arrastrar a los cubanos a la Guerra del 95? Pregunta esta crucial aquí, porque de que podamos responderla afirmativamente depende el que podamos aceptar esa interpretación voluntarista-teleológica de nuestra historia.

La respuesta a la pregunta, sin embargo, es no. A Martí no se lo publicaba al interior de la Isla, salvo en una o dos ocasiones en diarios de escasa circulación (de negros y mulatos), y nunca en el periodo en que preparaba la guerra en sí. Por otra parte la vigilancia española en las aduanas era especialmente cuidadosa en impedir la entrada de cualquier escrito suyo, y en ello parece haber sido bastante eficiente. Debemos entender que si hoy que tenemos radio, internet, *flash memories*... un porciento enorme de cubanos no conocen ya no a sus propios disidentes, sino incluso a figuras conocidísimas de la literatura, el periodismo o el pensamiento mundial, cuyas posiciones no son bien vistas por el régimen castrista, ¿qué cabría esperarse en los tiempos de Martí, en que incluso una absoluta mayoría de los cubanos era analfabeta?

De otra parte, para muchos de quienes sí lo conocían, su proceder político en particular, y en general su personalidad, eran vistos con suma suspicacia. Por ejemplo, así lo veían Manuel Sanguily, Raimundo Cabrera o Enrique José Varona, lo que los llevaba a cooperar inconscientemente con el gobierno español en la campaña de silenciamiento e invisibilización de quien, desde la emigración, preparaba una tal *Guerra Necesaria*, que no obstante la mayoría de las personas reflexivas del país no estimaban tal.

José Martí era, a no dudarlo, un perfecto desconocido para la absoluta mayoría de quienes residían en la Isla en 1895. Creer, además, que desde los EE UU consiguió preparar al interior de la Isla la eficiente conspiración que se pretende organizó, va contra nuestra propia naturaleza de cubanos. Como todo el mundo sabe los innumerables atentados a Fidel Castro no fallaron por la discutible eficacia de la Seguridad del Estado, sino por la desgraciada tendencia cubana a hablar lo que no se debe, donde no se debe.

Lo innegable es que el alzamiento del 24 de febrero de 1895 tuvo otros motivos más concretos que la verba de Martí, o su supuesta genialidad conspirativa. Motivos más bien económicos.

Dos años antes, en 1893, una crisis económica se había abatido sobre los EE.UU. y poco después sobre Cuba. Para empeorar la situación todavía más, al año siguiente España reinstauró el sistema de derechos aduanales que favorecía el control monopólico del mercado insular por los comerciantes de la península. Esto encareció considerablemente el costo de la vida en Cuba, al impedirle a sus habitantes abastecer sus necesidades en el muchísimo más barato, bien surtido y cercano mercado de los EE.UU., y obligarlos a tener que hacerlo en el ineficiente, lejano y caro de la Metrópolis.

Por otra parte, la actitud de España provocó que el Bill Mc Kinley quedara en "el aire". Esta Ley, que en el caso cubano dejaba libre de derechos la entrada de sus azucares crudos a la Unión Americana, siempre y cuando Cuba reciprocara en sus aduanas un trato preferencial a los productos americanos, había permitido que se disparase la hasta ese momento estancada, e incluso en peligro de desaparecer, industria azucarera nacional, amenazada por el boom europeo del azúcar de remolacha. Téngase en cuenta que si en los 1880 solo 4 zafras cubanas habían superado escasamente las 600 000 toneladas, tras la aprobación del Bill, y aun antes del establecimiento posterior por España de una especie de precario Acuerdo de Reciprocidad, lo producido llegó en 1891 a más de 800 000 toneladas. Ya con los acuerdos en vigor, la producción azucarera en Cuba habría de alcanzar las 976 960 toneladas en 1892, y en 1894, a pesar de la crisis, rebasaría por primera vez en su historia la marca del millón.

Así, de repente, tras cuatro años de incremento constante del nivel de vida de todas las clases sociales y estamentos de la Isla, y por sobre todo, de acciones del gobierno español que permitían abrigar cierto optimismo para las posibilidades de la economía cubana, aun sin abandonar la soberanía española, la más completa desilusión se abatió sobre Cuba cuando los americanos, en respuesta a la política aduanera española, decidieron volver a cargar de derechos de entrada a nuestros azúcares. Resultaba evidente que sin acceso libre al mercado americano las posibilidades de vender todos los azúcares que se produjeran en la zafra de 1894-1895 eran muy escasas, y muy pequeño el margen de ganancias que quedaría tras pasar por las aduanas de aquel país[16]. Por otra parte, ni pensar en colocar nuestros azúcares sobrantes en España, con su consumo insignificante. En cuanto a Europa, allí ya hemos dicho que la remolacha imperaba hasta en la misma Gran Bretaña, donde no se la producía.

En concreto los cubanos de las clases medias o pobres se encontraron ante una situación asfixiante en la segunda mitad de 1894: Por un lado el monopolio español llevaba los precios de lo más básico a las nubes, y por otro, la precariedad de mercados para el azúcar, que obligaba a rebajar drásticamente el monto de la zafra, y reducía el margen de ganancias, recortaba los salarios con que deberían enfrentarse a esa situación.

Escuchemos interpretar la situación del momento a Philip S Forner, en su *Historia de Cuba y sus relaciones con los Estados Unidos*. Libro que con tanta prolijidad publicara la Cuba de Fidel Castro:

> "Pero el efecto más importante de la crisis económica que sufrió Cuba en el invierno de 1894-1895 fue el de traer a plena luz todos los problemas políticos y económicos que desde tan largo tiempo atrás venía sufriendo Cuba a manos de España: contribuciones agobiantes, abrumadora deuda colonial, exclusión de los cubanos de las posiciones gubernamentales, prácticas económicas discriminatorias, trato arbitrario de las personas y las propiedades, y falta de libertad de prensa, de palabra y del derecho de reunión (esto último es bastante discutible). Un número cada vez mayor de cubanos empezó a convencerse de que la idea de que España otorgaría a Cuba todas las concesiones necesarias con solo que Cuba se apartara de la vía insurreccional no

---

[16] Esto sin contar los derechos de exportación que Madrid le cobraba a los productores cubanos.

pasaba de ser uno de tantos casos de "pensar como querer". Un número cada vez mayor de cubanos escuchaba con ansia los rumores[17] de que los revolucionarios emigrados estaban prontos a "desplegar el estandarte de la Rebelión".

La súbita crisis económica, causada sobre todo por la política de Madrid, a instancias de los productores de trigo de la meseta castellana, pero también de Barcelona y el País Vasco, no la pluma o la verba encendida de Martí, hacía ver a los cubanos que ya su dependencia política a España no daba para más.

Fue, por ejemplo, infinitamente más determinante que la prédica de Martí el acuerdo que en noviembre de 1894 tomaron los hacendados de Oriente para rebajar los jornales que pagarían en la zafra por comenzar. Si tantos miles de guajiros de esa provincia se alzaron entre febrero y marzo de 1895, incluso cuando su jefe natural, Antonio Maceo, no había puesto un pie en ella, se debió a acuerdos como el mencionado, no a los que se tomaban en la emigración, y que a la Isla solo llegaban como "rumores".

No dejemos tampoco de lado un hecho significativo al que suele pasársele por encima en casi todas nuestras historiografías: En la Cuba de los noventa del siglo XIX España ya no tenía ni el apoyo de la mayoría de la plutocracia peninsular establecida en la Isla. Oligarquía que desde el llamado Movimiento Económico se había pasado en parte a la idea anexionista; y es que hasta para muchos de ellos, nacidos en la Madre Patria, la dominación española ya no tenía futuro en Cuba por el carácter inevitablemente contradictorio entre la política metropolitana y la economía colonial.

---

[17] Forner reafirma, por tanto, que la actividad de la Martí solo llegaba a la Isla como vagos rumores.

No obstante lo dicho, debemos aclarar que si José Martí no fue en realidad quien llevó a los cubanos a la guerra, sin embargo sí resultó determinante en el modo en que salieron de ella.

Su no premeditada caída en Dos Ríos trocó los caminos de nuestra historia a fines del siglo XIX. Si la clara incapacidad de la Isla para la autarquía económica, sumada a su extrema vecindad al Monstruo Americano, hacían pensar a casi todo el que tuviese un poco de sentido común que Cuba debería gravitar necesariamente hacia su incorporación a los EE UU, el súbito descubrimiento que, al terminar la Guerra de Independencia y en medio de la Primera Intervención, tuvo el pueblo cubano del apostolado que este hombrecito nervioso había llevado por la causa de su independencia, no le dejó otro camino posible que el de violar lo que dictaba el más puro determinismo económico.

Su caída en Dos Ríos no tardó en comenzar a distorsionar nuestra historia. Fue un Martí que se agigantaba más y más *a posteriori* de aquel 19 de mayo de 1895 quien impuso poco después en el Jimaguayú su solución civilista al autoritario Antonio Maceo. Pero quien por sobre todo proveyó de una bandera a los muchos que no tardaron en sentirse profundamente desilusionados por la forma en que se llevó adelante la Intervención bajo la presidencia de Mckinley; o ultrajados por el cómo empezó a representársenos, a partir del verano de 1898, por los principales medios americanos, quienes ahora representaban a los cubanos como niños malcriados, o hasta como cuatreros, cuando antes de aquella fecha nos hacían pasar por héroes poco menos que mitológicos[18].

---

[18] Durante la Guerra, y cuando las administraciones estadounidenses se mostraban reacias o al menos cuidadosas de lanzarse a la Intervención, hubo cierta tendencia en esos medios a identificar a los rebeldes cubanos con los rebeldes del Sur. Quienes ya para entonces iban convirtiéndose en verdaderos mitos dentro del ideario nacional americano.

Mas esto de ninguna manera le da la razón a quienes sostienen un supuesto destino teleológico para Cuba, y la absoluta primacía de la voluntad sobre lo económico. Es cierto, a partir de aquel mediodía en que cayó en una escaramuza de tercera, Martí le cambió el carácter a la Guerra. Pero si miramos nuestra historia desde una gran altura, atentos solo a las tendencias más generales, se nos hace de inmediato evidente que la guerra entre el Bill Mc Kinley y El Tratado de Reciprocidad de 1903, la llamada **Guerra de Independencia**, solo funcionó, solo fue *necesaria*, como un recurso extremo para acabar de liberar a la economía cubana de la traba española y asegurar de ese modo nuestra relación económico- comercial con el Monstruo Americano.

Que en el interin, dentro de lo que los marxistas llaman superestructura, ocurrieran hechos y coincidencias que habrían de crear un mito como el de José Martí, pequeños sucesos en definitiva capaces de distorsionar la Historia, no cambia esa verdad: los cubanos de 1895 tomaron las armas por la necesidad de asegurar nuestra relación económica con el único mercado que le iba quedando a nuestros azúcares, y en lo único que pudo influir el mito martiano fue en evitar que esa relación no pasara más allá de la economía, y nos condujera a la incorporación política y a la absorción cultural.

Mas en ello es necesario aclarar que cooperaron como nadie los propios americanos, porque si alguien evitó esa incorporación no fue en definitiva el mito martiano, sino el poco interés que los propios americanos pusieron en ello…

Céspedes y Agramonte, vistos por José Martí

1.

El 10 de octubre de 1888, en el semanario *El Avisador Cubano* que dirigía en Nueva York Enrique Trujillo, se publicó un texto de José Martí que mucho nos revela su posición real ante determinados dilemas políticos trascendentales para el futuro de Cuba: ¿Prefería un mando militar y una estructura monolítica para la Revolución que nos separaría de España, o por el contrario un mando civil y una estructura consensual, en que hasta el último ciudadano pudiera sentirse no seguidor disciplinado de algún caudillo, sino parte activa de la obra que a la larga iba a parir la República Virtuosa y Democrática con la que soñaba?

Aunque su elección es clara y por lo tanto debería sernos evidente a todos, la realidad es lamentablemente bien otra. Lo cual se percibe en la insistencia con que son presentadas ciertas formas políticas, para nada del agrado del Apóstol, cual si se inspiraran en su pensamiento, y obra.

Por otra parte, que tantos políticos espurios o alucinados hayan comenzado sus carreras en, o hacia el poder, fotografiándose de espaldas a una imagen suya, no debe conducirnos a "matar" a José Martí, como de hecho nos propone Rafael Rojas en uno de sus primeros libros. Contrario a ciertas ideas muy extendidas, el pensamiento de este hombre desmedido, con pleno derecho tan influyente en nosotros, aun a ciento veinte años de su muerte, no es de ninguna manera un elástico que pueda ser estirado para abarcar en él cualquier visión o proyecto que se nos antoje justificar como ya existente en él, aun en potencia. El pensamiento de José Martí solo puede ser un elástico para quienes lo leen superficial e interesadamente; o desde claves no suyas, inspiradas por una formación intelectual demasiado preocupada por absorber todo lo recién salido a la palestra intelectual del abigarrado mundo presente.

Se impone salvar el pensamiento del Apóstol de quienes lo falsifican, o de quienes pretenden silenciarlo; sea dicho no obstante en reconocimiento de estos últimos, por miedo a tanto tergiversador.

Es innegable que Martí no ha concretado nunca un pensamiento sistemático. Aparte de haber muerto a poco de cumplir 42 años, una edad a la que un pensador solo comienza a salir de la adolescencia, él no ha sido un académico, un sabio de gabinete, sino un hombre dado a una obra concreta: La creación de un pueblo que, por su posición en el mundo del siglo XX que por entonces está por nacer, sea decisivo en los destinos humanos de todo el planeta. Pero a pesar de esa asistematicidad, inspirada también en razones semejantes a las de Miguel de Unamuno para justificar la suya propia, es clara la existencia de límites éticos en Martí, o, como trataremos de aclarar en este trabajo, jerarquías bien determinadas de valores, y consecuentemente de las personalidades que llegan a representarlos.

2.

Partamos primero que nada de reconocer la no pertenencia de José Martí a esa clase de políticos obtusos, incapaces de ver que antes de crear la república democrática en que se consensuara la ley, se necesitaba de cierto ímpetu creador. Solo mediante un arranque sublime se puede echar a andar a un pueblo que ha soportado por años el escamoteo de su libertad, y que es más, se ha habituado a vivir sin ella. Esos arranques solo pueden ser obra de hombres volcán, tremendos e imperfectos en su arrebato.

Tal era en esencia Céspedes para Martí; aunque también más, que el Apóstol no era hombre de arquetipos cerrados. Es cierto, pasado el primer momento, vencida la inercia, a juicio suyo se necesitaba de esta clase particular de hombres un sacrificio al que de por sí son ellos poco dados: que tuvieran la voluntad necesaria para hacerse a un lado. En esto Céspedes, al bajar "de la presidencia cuando se lo manda el país", se había comportado para él de una forma digna de eterna memoria.

Porque es cierto que Céspedes se ha creído en cierto momento "con derechos propios y personales, como con derechos de padre, sobre su obra", que no se ha visto "como mortal, capaz de yerros y obediencia, sino como monarca de la libertad, que ha entrado vivo en el cielo de los redentores", que se ha mirado como sagrado, y no ha dudado "de que deba imperar su juicio", pero también que "cuando inclina la cabeza, con penas de martirio", y deja paso a los nuevos hombres, "a la juventud apostólica (que) le sale con las tablas de la ley", se ha ganado para la eternidad el derecho de imponernos, "desde su choza de guano, la dignidad de Nuestra Patria", ya no solo por un arranque sublime.

No obstante, lo dicho antes no debe hacernos perder el camino hacia la cabal comprensión de su pensamiento: Para Martí, a pesar de la innegable necesidad inicial de romper con la inercia de un pueblo habituado a la Tiranía, el fin último y único no puede ser otro que alcanzar la verdadera libertad, y no algún engañoso sucedáneo suyo. No rompíamos las cadenas con que nos aprisionaba España para que una casta militar propia viniera a sustituírnoslas con otras más infamantes, en base a ciertos "derechos de padre", a ciertas "ideas patriarcales". En ese caso a su entender habría sido preferible una y mil veces no haber desenvainado el machete redentor.

Pero evitarlo Martí era consciente de lo necesario de un nuevo tipo de hombre, no ya de impulsos, sino a su decir, de virtud. Superior por lo tanto al primero, al menos en la escala de los personales valores martianos.

Que Martí valora a Agramonte superior a Céspedes, se nos transparenta ya desde el arranque mismo del texto en esa frase tan esclarecedora: "De Céspedes el ímpetu, y de Agramonte la virtud", y un par de líneas más abajo, como para remachar la idea, en esta otra: "De Céspedes el arrebato, y de Agramonte la purificación"; o en que, según nos dice allí mismo, mientras el primero desafía con sospechosa autoridad de rey, Agramonte vence con fuerza espiritual, divina, como de luz, no acusable por tanto de ningún posible egoísmo autocrático.

No ya Martí, sino casi ningún hombre culto de fines del XIX habría colocado en un lugar superior el ímpetu a la virtud; ya ni tan siquiera a un mismo nivel. Invertir la jerarquía, tan propia de occidente desde sus mismos orígenes en las ciudades jonias del Asia Menor, en que la virtud se ubica de modo incontrastable sobre el ímpetu, solo se realizaría en gran escala algunos años después, en ciertos bolsones culturales del nuevo occidente freudiano, surrealista. O en esa particular aberración del siglo XX, el fascismo, en que se idolatró el pretendido triunfo de la voluntad, de la liberación de lo instintivo.

Aun para el Martí político con los pies bien asentados sobre la tierra, que comprende la necesidad del ímpetu para romper la inercia de los pueblos esclavizados, resulta incuestionable que ese ímpetu debe de estar bajo el control, antes o después, de la virtud. Que solo esta purifica al humano, en un final, de su inseparable parte animal; si se es capaz de constreñir esos arrebatos y pasiones a las reglas éticas de la virtud. Que la verdadera libertad solo nace de ella.

Se nos transparenta esa diferente evaluación, más que nada, en la aplastante diferencia en el número de reconvenciones que Martí les dedica a uno y a otro a lo largo del texto.

El hecho de que Martí le haga señalamientos bastante cargados a las actitudes de Céspedes, y nunca en el caso de Agramonte, es más que ilustrativo de hacia quién se inclinaban sus preferencias. Al primero le señala su tendencia, en adornadas y políticas palabras, no obstante, a aspirar a conducirse como un autócrata. Tendencia personal que El Apóstol ha reconocido en un emotivo y largo párrafo que Céspedes supo ahogar en sí mismo, por el bien de la Patria. Pero que obsérvese bien, implica en sí que para Martí lo destacable, lo que hay de virtud en Céspedes, es que ha sido capaz retraerse para que quienes son más virtuosos que él, en definitiva, marquen el paso democrático y civilista de la Revolución. Cuyo fin último no es tan solo la independencia de España, sino la República Virtuosa, con todos y para el bien de todos.

Es significativo además el hecho incontrastable de que, a lo largo de todo el ensayo, al hablar de Agramonte Martí nunca suena igual que al hacerlo de Céspedes.

Por el contrario, de Agramonte solo encontramos destaques, exaltaciones, y un tono poético muchísimo más elevado, casi cabría decir que ebrio de admiración, o adoración incluso. Martí no le dedica nunca a Céspedes una imagen ni remotamente parecida a esa de "diamante con alma de beso", o esas otras dos, la de que "era un ángel para defender, y un niño para acariciar", y la de que tenía una estrella donde los hombres solemos tener corazón.

Esta diferencia prueba la disímil percepción por José Martí de ambos próceres. Y es que no solo se percibe una jerarquización clara de ambos hombres para el Martí racional (que no lo era tanto al nivel en que se pretendía estilar por sus contemporáneos), sino aun para el Martí sentimental.

Si extendemos nuestras lecturas más allá del texto en cuestión se nos revelará también esta preferencia sentimental del político José Martí por el Bayardo. Una revisión del título "Hombres", bajo el cual se hallan agrupadas en el cuarto volumen de sus Obras Completas, editadas por el Instituto Cubano del Libro, toda una serie de semblanzas de figuras destacadas de nuestras guerras de independencia demuestra esta afirmación. Es bueno recordar, por cierto, que este modo de organizar los trabajos de Martí respeta su propia voluntad, la que le transmitiera por carta a Gonzalo de Quesada.

De Céspedes Martí solo habla con prolijidad cuando evidentemente desea trazar un paralelo con Agramonte. Es el caso paradigmático que ya antes hemos analizado y en alguna menor medida en el de *El 10 de Abril*, publicado en Patria, el 10 de abril de 1892.

Aquí vuelve a descubrirse el diferente tratamiento que Martí les dedica a ambos próceres. Mientras Céspedes juró como presidente la ley de la República "con acentos de entrañable resignación, y el dejo sublime de quien ama a la patria de manera que ante ella depone los que estimó decretos del destino", o sea, recordando el texto martiano de cuatro años antes, "sus derechos personales y propios" de "monarca de la libertad", la actitud de Agramonte nunca es cuestionada ni aun con estas tenues maneras. Él es con Zambrana el artífice de la Constitución de Guáimaro, y por lo tanto de la estructura institucional de la Revolución, pero aunque Martí a ratos menciona la traba legalista, nunca relaciona explícitamente a Agramonte con ella. Como si ha hecho con Céspedes en repetidas ocasiones al hablar del peligro del autoritarismo.

De Agramonte en fin todo es exaltación de su virtud. Si para recibirlo Céspedes ha mandado a tocar las campanas, en un gesto propio del monarca que se cree y siente, Agramonte, con un "rubor que le llena el rostro, y una angustia que tiene de cólera", las hace callar de inmediato. Martí ve claramente esa diferente actitud ante las representaciones del poder político de ambos próceres, y aun cuando no desea traer la desunión a las futuras filas insurrectas, no consigue detener su pluma y la registra en papel.

Por su parte de Agramonte solo si habla, y siempre lleno de esa admiración, con trazas de adoración, que el Martí empeñado en subsanar las heridas de la anterior guerra no parece alcanzar a contener con algún esfuerzo distanciador. En *Los Hombres de la Guerra*, en Patria, el 23 de abril de 1892, destaca su hábito de no comer lo que no alcanzaba para todos. Una actitud inusual en una guerra en que los generales cuentan con ayudantes que les procuran y preparan las comidas, y en que cada cual come lo que puede y consigue. Recordemos el ilustrativo episodio que en su libro *En la manigua, diario de mi cautiverio*, nos narra Antonio del Rosal, en que nada menos que Antonio Maceo la emprende a planazos con su asistente por no compartir con él y sus invitados una jutía que evidentemente no alcanzaba para tantos.

En *El Teniente Crespo*, en Patria, 19 de marzo de 1892, en el que de paso, al destacar las habilidades militares del Mayor, también subraya la superior virtud de otro de nuestros patriarcas estoicos. Ensalzado Máximo Gómez por sus logros militares interrumpe al adulador con su natural ríspido. "Amigo, aquí lo que ha pasado es lo siguiente: me he encontrado un violín con muy buenas cuerdas, y muy bien templado, y yo no he hecho más que pasarle la ballestilla". El violín de buenas cuerdas y muy bien templado, como nos aclara Martí, no es otro que la caballería camagüeyana que le había legado El Mayor.

En *Conversación con un hombre de la Guerra*, en Patria, 28 de noviembre de 1893, donde Agramonte es la figura central, la referencia en medio de la guerra para uno de los curtidos veteranos con quien Martí conversa en un cuarto en que "se respira libertad".

3.

José Martí no fue un ángel. Ahí está el *affaire* Carmen Miyares para echar abajo cualquier pretensión hagiográfica; mucho más si lo miramos desde una perspectiva contemporánea al mismo. Tampoco era un hombre de todos los tiempos y con respuestas para todas las preguntas a las que los humanos debamos enfrentarnos. Sus ideas profundamente machistas sobre el lugar de la mujer en la familia y la sociedad así lo demuestran. No era ni tan siquiera lo que podríamos llamar el cubano típico, que si lo hubiera sido no habría escrito aquello de que: "Hay que sacarse de la sangre el Madrid cómico". Solo era un hombre, pero de los que a ratos nacen en medio de la masa y que por su muy superior inteligencia, y profunda necesidad de otorgarle un sentido ético a sus días, los empeñan con pasión y casi sin dudar en una de esas obras que para el resto de los mortales quedan muchísimo más allá del horizonte de sus vidas.

Es cierto que José Martí no debe tener la última palabra en cualquiera de nuestras ideas, sueños, decisiones o proyectos. Pero lo es también que olvidarlo, "matarlo", sería como entregarle la raíz final de lo que somos a quienes a diario subvierten, simplifican y matan, pero de verdad y no como ejercicio de retórica, esa inefable esencia nuestra: Lo Cubano. Mal andaría Occidente, por ejemplo, si de buenas a primeras "matara" a Tales de Mileto o a Sócrates. Una buena muestra de lo que podría sucedernos la encontramos en el intento de "matar" a Cristo, en que ciertas élites intelectuales de occidente se involucraron desde las postrimerías del siglo XVIII. Sin comprender que mucho de lo que en realidad somos, incluidos y quizás por sobre todo nosotros mismos: ateos, agnósticos, deístas... se enraíza a través de los siglos en aquel otro hombre extraordinario.

En Cuba más que matar, se impone revivir a tantos y tantos a los cuales se ha desaparecido interesadamente a lo largo de toda nuestra historia, o rescatar a quienes, en contra de ellos mismos, han sido usados para justificar el establecimiento de lo que en sus tiempos habrían enfrentado sin dudar. Como es el caso de José Julián Martí y Pérez.

Resulta hoy más que nunca una tarea necesaria comprobar que el político José Martí, a pesar de que busca con vehemencia la unidad de las dispersas fuerzas de la Patria para lanzarse a la Guerra Necesaria, no está ni racional ni sentimentalmente dispuesto a sacrificar por esa unidad lo que es para él el Fin y lo Esencial. Es esa determinación lo que escapa de estos textos, de estas comparaciones, en que el demócrata Agramonte termina en la jerarquía martiana en un lugar muy superior al autoritario Céspedes. Y es que para Martí lo que importa por sobre cualquier otra consideración no es lograr una unidad por la unidad, que permitiera alcanzar con mayor seguridad y rapidez la independencia, sino construir una República Virtuosa y Democrática. En la que en definitiva se lograría también la unidad, pero a partir de los consensos democráticos y no como resultado de la imposición militarista. En la que la soberanía nacional sería el privilegio de todos los cubanos mediante el ejercicio virtuoso de sus derechos y deberes cívicos, y no quedaría como en custodia de algún "monarca de la libertad", dotado de "derechos propios y personales, como con derechos de padre", sobre la Patria, a la que concibe como "su obra".

La carta inconclusa de Martí a Manuel Mercado

Analicemos la última carta conocida de José Martí: La destinada a Manuel Mercado y que dejara inconclusa a su muerte el 19 de mayo de 1895.

Esta carta es asumida como el testamento político, antiestadounidense, de José Martí. Pero, ¿lo es en realidad? Si como casi todos los estudiosos de su obra coinciden, Martí ni se suicidó, ni tenía intención de ello, no cabe darle a estas líneas la trascendencia que implica tratarla como tal. No puede considerarse a esta carta más que como una más de las muchas que por esos días escribió quien intentaba sacar adelante la Revolución, y preparar la República. Es innegable, sin embargo, su singularidad en otro sentido. Mientras casi todas las que escribió tras su arribo a Cuba tenían como destino a generales en campaña, o a sus colaboradores más cercanos en el exterior, esta, junto a la carta al New York Herald del 2 de mayo, integra un muy definido grupo aparte.

En ella Martí hace política exterior de la Revolución.

Está destinada a un Subsecretario de Gobernación de Porfirio Díaz, el equivalente contemporáneo cubano de un Viceministro del Interior, y por lo tanto un hombre de la primera línea de la represión porfirista, proverbial por su brutalidad. Al funcionario que ha desempeñado ese cargo con tal eficacia que ha permanecido en él desde 1882, y lo hará aún hasta 1900, cinco años después de la muerte de Martí.

Alguien que es verdad, ha sido su amigo de sus meses mejicanos a mediados de la década de los setenta, pero que no podemos tampoco pasar por alto que es 15 años mayor que él. Alguien a quién ha estado largos años sin ver personalmente (solo por unos pocos días en el verano del 94), y con quien es evidente no coincide en lo esencial de su visión política: Mercado ha terminado en un muy importante y comprometido puesto dentro de la brutal dictadura ante cuya ascensión Martí, en protesta, decidiera dejar suelo mejicano.

Llama la atención que Martí, después de que en enero de 1890 suspendiera casi por completo el profuso intercambio epistolar que había mantenido con Mercado desde agosto de 1882, no lo ha reanudado hasta mayo de 1895, con esta carta precisamente. Recordemos que Martí entre enero de 1879 y octubre de 1882 solo le ha enviado una carta a Mercado, y que si ha recomenzado a cartearse con este con frecuencia casi mensual, a partir de esa última fecha, se explica en las posibilidades de publicación en el principal diario mejicano que le abría semejante amistad, tal el acomodo de aquel en la Subsecretaría de Gobernación porfirista. Fluida comunicación que, de manera significativa, desaparece cuando Martí decide abandonar su labor de observador de la vida norteamericana para los principales medios latinoamericanos, para en su lugar dedicarse a tiempo completo a la organización de la futura guerra.

En definitiva Martí, tras suspender su correspondencia con Mercado en enero de 1890, la reinicia de súbito, y lo más sorprendente, con una carta en extremo prolija dada su misma situación, en que ni el tiempo ni las condiciones le abundaban. Si nos fijamos, desde su desembarco en Cuba solo las dos destinadas a sus colaboradores más cercanos en el exterior, Gonzalo de Quesada y Benjamín Guerra, o al New York Herald, son comparables en cuanto a dimensiones. Cartas para nada personales, con fines utilitarios políticos muy claros.

No perdamos de vista lo en extremo complicado, y sobre todo lo peligroso, de sacar cartas al extranjero desde el campo de la Revolución. En realidad resulta muy difícil de imaginar que un hombre como Martí pretendiera usar el correo de la Revolución, y arriesgar vidas de compatriotas en consecuencia, solo para poder desahogar un tanto el alma con un compadre.

¿Pero si no era un desahogo, o una simple carta a un amigo a quien le cumple por lo mucho que ha demorado en escribirle, si no era tampoco un testamento ni nada parecido, qué hace a esta carta tan importante al punto de que Martí, en medio de la guerra y con una complicada situación política dentro del mismo campo revolucionario, le dedicara las varias horas que debió emplear en pensarla y escribirla, o el que considerara ponerla en papel aun a sabiendas de lo que costaba sacar al exterior cualquier documento?

Una pista: El destinatario le ha servido de introductor en una muy probable entrevista personal con Porfirio Díaz, en el verano del año anterior.

Solo el análisis del texto, y de su contexto, puede respondernos esa larga pregunta. Y una rápida lectura de la carta nos lleva de inmediato a preguntarnos si muchos intérpretes de la misma han pasado más allá de su primer párrafo. Del consabido: "Cuanto hice hasta hoy, y haré, es para eso...", tan popularizado por la propaganda castrista.

Martí comienza escribiéndole a Mercado: "Ya puedo escribir, ya puedo decirle con que ternura y agradecimiento y respeto lo quiero, y a esa casa que es mía y mi orgullo y obligación", lo que en sí no es más que una implícita disculpa por el largo tiempo que no "ha podido hacerle escribir una carta más sobre el papel de carta y periódico que llena al día", como hacía el final del trunco texto explicita. No ha podido hacerlo en un final porque, como retoma a continuación: "ya estoy todos los días en peligro de dar mi vida por mi país y por mi deber...". O sea, él no ha podido escribirle porque la misma naturaleza trascendental de su obra, que por cierto lo incluye a él, a Manuel Mercado, como actor principalísimo, no se lo había permitido; al menos hasta ahora.

El primer párrafo funciona por tanto como una carnada para el específico lector de este texto, un Subsecretario de Gobernación de Méjico, con puerta abierta a Porfirio Díaz.

109

Martí pretende ganarse toda la atención de su interlocutor, confabularlo con él desde el mismo inicio de la misiva, y por eso no pierde tiempo e improvisa una ingeniosa disculpa con que restablece distancias, mientras a su vez esa misma disculpa le sirve para introducirle, casi de inmediato y sin transición, en una interpretación de su Vía Crucis existencial. Reforzada por una anonadadora serie de fuertes imágenes poéticas. Mediante este expediente Martí presenta su labor por la independencia cubana como un intento más bien de proteger al Méjico de Don Porfirio de una supuesta amenaza norteamericana. Este es el verdadero sentido tras el tan citado "Cuanto hice hasta hoy, y haré, es para eso…"; puro artificio literario para impresionar a quien tan importante es para la independencia de Cuba.

Para esa fecha Martí ha terminado por comprender que la guerra no será breve, lo que en realidad ya temía desde el fracaso de la expedición de "La Fernandina". Consecuentemente, no bastaba solo con el dinero de los tabaqueros para financiarla. Por lo que ante la repugnancia de Martí a que la República naciera endeudada por el esfuerzo libertario, se imponía allegar los recursos necesarios, por sobre todo los bélicos, en las repúblicas latinoamericanas. En este caso Méjico, por su cercanía y fácil acceso a la Isla, y por lo imponente de los recursos militares que el Porfirato había reunido en su empeño por convertir a su país en una pequeña potencia regional, debió jugar un papel importantísimo en los planes de Martí.

En el segundo párrafo Martí pasa a la ofensiva. Mas el político Martí no arrincona. Sus intenciones se nos transparentan en esa frase cortada por guiones de mal engarce gramatical: "Las mismas obligaciones menores y públicas de los pueblos les habrían impedido la adhesión ostensible…" con lo que les ha dejado la puerta abierta a los mencionados pueblos para ayudar sin remordimientos a Cuba en el presente, o en el futuro.

Pero también los condiciona sutilmente a brindar esa ayuda: El que no lo hayan hecho antes es cierto que se explica por lo dicho, pero de ahora en adelante, cuando ya son conscientes de que alguien se sacrifica por "el bien inmediato y de ellos", ya no. Negarse a ayudar a quien se ofrenda por cegar la posibilidad de que los pueblos de Nuestra América se anexen al "Norte revuelto y brutal que los desprecia" es ya un crimen, una cobardía. Y claro que si nos hemos dejado impresionar por la exageración que Martí hace no ya de las intenciones de los EE.UU., sino de sus reales posibilidades, un suicidio nacional.

En los párrafos tercero y cuarto Martí rebaja un poco el tono trascendentalista-poético que hasta ahora le ha dado a la carta, y por lo tanto sospechoso para un político tan pasado por todas las aguas como Porfirio Díaz. El núcleo de ellos son los comentarios que, a través de Manuel Mercado, pretende deslizar en los oídos del Tirano: Que según Bryson, corresponsal del New York Herald en Cuba, el Capitán General Martínez Campos le ha asegurado que "llegada la hora, España preferiría entenderse con los Estados Unidos a rendir la Isla a los cubanos". Pero además, que según el periodista americano, los EE UU tienen muy bien guardado un sustituto para nada menos que el mismo Don Porfirio, el destinatario último real de esta carta *sui generis*:

> "Y aun me habló Bryson más: de un conocido nuestro y de lo que en el Norte se le cuida, como candidato de los Estados Unidos, para cuando el actual Presidente desaparezca, a la Presidencia de México."

De seguro para Martí el dictador mejicano no iba a conseguir conciliar el sueño con la misma facilidad tras saber que España preferiría entregarle esa isla, tan estratégicamente situada en medio de los principales caminos que comunicaban a Méjico con el Mundo, nada menos que a los EE UU. Quienes ya no solo parecían guardar apetencias sobre lo que del norte le había dejado a su país el Tratado Guadalupe-Hidalgo, sino que también preparaban candidaturas para sustituirlo; nadie podía asegurarle que solo a su muerte.

Y ya hemos visto cuanto podía ganar la causa de Cuba con ese insomnio inducido en el tirano azteca: armas, obtenidas de los inmensos almacenes militares del Porfirato, relativamente muy cerca de nuestras costas; e incluso el apoyo diplomático de un Méjico que podría arrastrar tras de sí a toda una coalición de repúblicas *nuestroamericanas*.

En el quinto párrafo Martí se prepara para la osadía del comienzo del sexto. Para que por una parte pierda un tanto su carácter de importunidad (que lo tiene, y muy pronunciado), pero sin perder no obstante toda su fuerza expresiva. Osadía que, por cierto, sería una mejor elección que el consabido "En silencio ha tenido que ser…" si quisiéramos de alguna manera extractar la carta en una de sus frases. Me refiero a las siguientes líneas:

> "Y México, ¿no hallará modo sagaz, efectivo e inmediato, de auxiliar, a tiempo, a quien lo defiende? Si lo hallará,-o yo se lo hallaré."

La carta toda en realidad gira alrededor de estas líneas. Martí manifiesta su desesperación por el apoyo mejicano, ahora que la guerra no pinta a ser tan corta como creyera cuando la levantó. A pesar de su descripción optimista del estado de la guerra en el sexto párrafo, en su fuero interno sabe que el esfuerzo independentista no será ya tan breve, ni mucho menos tan generoso.

En el análisis de la carta no se puede simplemente pasar de largo sin prestarle atención a un fragmento de ese quinto párrafo. Me refiero a que según Martí los EE UU jamás aceptarán la cesión a ellos, por España, "de un país en guerra", y dado que la "guerra", o los revolucionarios que la hacen, no tienen intención de pedir la anexión ni de aceptarla, esa posibilidad se cierra por completo mientras haya guerra, o lo que es lo mismo, revolucionarios sobre las armas. Lo que debemos entender como un subrayado al Méjico Porfirista, para que comprenda que si quieren mantener su flanco derecho sin peligro americano deben apoyar necesariamente a la Revolución.

Pero hay más aquí. Este fragmento nos revela la comprensión clara que Martí tiene de los EE UU, tan distinta de la que han querido endilgarle algunos de sus presuntos seguidores políticos. Para Martí los EE UU, por su naturaleza de nación democrática, fundada sobre las principales libertades humanas, "no pueden contraer... el compromiso odioso y absurdo de abatir por su cuenta y con sus armas una guerra de independencia americana".

Sobre esta firme creencia se afincaba en buena medida toda su política, que de otra manera, sin este fundamento, no podría más que parecernos que el resultado de los delirios de un loco, o en todo caso de los devaneos intelectuales de un arbitrista de café. ¿Por qué ante las costas mismas de unos EE UU, que supuestamente no tenían en cuenta ninguna consideración ajena ante sus apetencias imperialistas, Martí se atreve a querer fundar una República independiente, cincuenta veces menos poblada que aquella nación? Pues porque Martí no ve a los EE UU de manera tan simplista como tanto supuesto seguidor suyo posterior. Él ha vivido en el Monstruo y le conoce las entrañas; y ya desde el *affaire* Cutting ha sistematizado cuál debe ser la actitud ante ese gigante: Enfrentarlos con sus propios elementos. Recordemos que para Martí los EE UU son en realidad el resultado del equilibrio de dos elementos enfrentados, uno "tempestuoso y rampante", y otro de "humanidad y justicia".

Lo que resta de la no terminada carta, hasta la cortísima parte "personal", en una carta que paradójicamente se pretende tiene ese caracter, es en sí una explicación de esta oración: "Yo ya lo habría hallado y propuesto" -el modo discreto de que México

113

auxilie a tiempo a quien lo defiende, a Cuba, se entiende. Martí explica en definitiva porque no ha hecho ninguna de las dos cosas: La Revolución carece aún de forma jurídica, no es todavía más que un desordenado conjunto de tropas dirigidas por viejos caudillos. Habrá que esperar a que se dé una estructura de gobierno, a que sus fuerzas se organicen en un ejército que responda a ese gobierno. Esta es la tarea del momento, la que una vez terminada permitirá hacer tratados, o acuerdos (casi de seguro secretos) con las naciones latinoamericanas.

Que esté él o no al frente de la futura República en Armas, le aclara a su intermediario mejicano, no es tan importante. Su pensamiento no desaparecería. Pero de todas formas no hay porque preocuparse, "defenderé lo que tengo yo por garantía y servicio de la Revolución", le escribe a Mercado, y tras estas palabras descubrimos la razón de su prematura muerte en Dos Ríos. El intelectual que ha levantado la Revolución sabe que la única manera que tiene de llevarla por el camino correcto hasta dejarla convertida en República Democrática y Virtuosa, de permanecer él al timón del esfuerzo independentista, es demostrando su arrojo en el campo de batalla. Mucho depende de que él logre mostrar su valor en el campo de batalla.

Solo que Martí conoce las batallas únicamente por los libros. Es esa la razón de la disparatada carga a que se lanza en medio del confuso combate de Dos Ríos. Mucho sabe que está en juego: Martí es consciente de que en el campo insurrecto solo él comprende que la independencia de Cuba, más que en los campos de batalla, se ganaba en los sutiles acomodos de la Isla entre los muchos poderes globales y regionales de la época. Precisamente la carta que entonces llevaba en uno de los bolsillos de su saco era una poderosa y bien pensada arma en esa sutil batalla.

Los intelectuales cubanos y su "complejo de culpa"

Según Ernesto Guevara, a sugestión de Roberto Fernández Retamar, la intelectualidad cubana padecía de un cierto complejo de culpa por no haber participado de manera activa en la revolución de 1959. Pero, ¿es correcta esa percepción del argentino-cubano sobre la contribución de nuestros intelectuales al triunfo del 1 de enero y, sobre todo, al establecimiento de lo que vino después?

Nadie mejor que Fidel Castro comprendió lo erróneo de esa afirmación, a la vez que sus inmensas potencialidades. Sabedor de que en política no ya un ensayo sino una simple frase pueden más que explicar la realidad, a ratos incluso cambiarla, quiso sacarle provecho. En definitiva para convertir a la Isla en esa extendida finca de Birán que soñaba mangonear hasta en los más nimios detalles desde un jeep, con un buen habano bien agarrado entre los dientes de su poderosa dentadura, necesitaba sacar primero del juego político a una intelectualidad cubana que se alimentaba de una tradición de cierta consideración, y de un muy cercano vínculo con los centros culturales de Occidente. ¿Y qué mejor recurso para neutralizarla que mediante los complejos de culpa?

La realidad, sin embargo, nada tiene que ver con los arbitrios sociológicos del Che Guevara, inspirados por aquel a quien Cabrera Infante llamaba "Ratamar", ni con las maquinaciones políticas de Fidel Castro. Sin lugar a duda, los intelectuales cubanos han sido uno de los grupos sociales más influyentes en lo sucedido en Cuba a partir de 1959.

¿Pero por qué fue tan relativamente fácil hacerle sentir esos complejos de culpa a un considerable sector de la intelectualidad, grupo humano que se supone debe de ser de los menos dados a semejantes sugestiones, o de los más resistentes a las maquinaciones? La razón, además de encontrarse en lo discutible de la idea anterior —o sea, la mayor resistencia del intelectual a sugestiones y maquinaciones—, parece estar en un error de perspectiva histórica.

Los intelectuales jóvenes iniciaron y luego llevaron el peso fundamental en la Revolución del 30. La caída de Machado y con él de la Primera República Liberal; la abrogación *de facto* de la Enmienda Platt, el 9 de septiembre de 1933, y con ello de la mediatización de nuestra soberanía, del Protectorado; la constitución en un final de una Segunda República Social, tiene todo ello su arranque en la Protesta de los Trece, o en las luchas universitarias dirigidas por ese otro intelectual que fue Julio Antonio Mella.

Recordemos que tres de las más importantes organizaciones anti-machadistas: el partido comunista, el ABC y el Ala Izquierda Estudiantil, fueron organizadas y dirigidas por intelectuales; que si la muchachada de los Directorios del 27 y del 30 se echó a las calles fue en respuesta a las reprensiones del relevante pensador y publicista Enrique José Varona; o que quienes realizaron la revisión de estilo de la Constitución de 1940 fueron nada menos que los constituyentistas Juan Marinello y Jorge Mañach, figuras cimeras de las letras y del pensamiento republicano.

La revolución de 1959, por su parte, para el observador superficial no parece haber tenido participación intelectual. Ni el Movimiento 26 de julio, ni el Directorio, ni las organizaciones auténticas[19] fueron creación de intelectuales, y tampoco contaron con ninguno en su plana mayor en ningún

---

[19] Los ñangaras no dispararon ni un chícharo contra su *ecobio* Batista, por lo menos mientras este se mantuvo firme en el poder.

momento posterior[20]. Esto provocó que, como en esencia la generación intelectual de los cincuenta pensaba a Cuba desde las formas de lo hecho por la de los treinta, desde sus gestos y actitudes, no resultó difícil convencerla de su no contribución al resultado de 1959, y a la nueva Cuba, la de Fidel, que nacía a partir de ese año.

Había, no obstante, otra razón de más peso para dejarse sugestionar, y tenía que ver con la fea e impresentable naturaleza de la verdadera contribución de la intelectualidad cubana. Una muy oscura, de la que casi nadie, y mucho menos un intelectual, suele sentirse orgulloso a la larga. Una que era mejor no admitir y dejar hundirse en el olvido.

Quizás ya haya notado el lector que escribo revolución a ratos con mayúscula, a ratos con minúscula. En específico la del 30 con mayúscula, y la del 59 con minúscula. Se impone disgregarnos para explicar esta distinción. La razón es muy simple: para quien esto escribe la primera fue en realidad una Revolución; la segunda, no.

La primera, la del 30, había alcanzado la independencia política y poco a poco la económica. Al menos en el grado realista en que podía o puede serlo Cuba, y no en ese absolutista y disparatado de nación flotando en el vacío cósmico. Idea esta última a la que ciertas minorías nuestras, aunque muy activas, parecen haber aspirado siempre por no haber asistido a una iglesia en que encauzar de mejor, y menos peligrosa manera, unas ansias trascendentalistas que al no poder expresarse en su natural campo, lo religioso, han tendido a corrérsenos hacia lo político.

---

[20] Esa aguda carencia explica el intento posterior de convertir en intelectuales a dos jovenzuelos, los hermanos Saiz, cuya obra no se elevaba mucho más allá de lo que cualquier adolescente con cierta sensibilidad.

También, y no resultaba lo menos importante, la Revolución del 30 había terminado estatuyendo una República Social: la de 1940.

Quedaba en los cincuenta ocuparse de los detalles. El primero, recuperar la República del 40 que había derrocado Fulgencio Batista el 10 de marzo de 1952, aunque sin atreverse a anular nada de la avanzada legislación social y laboral de la misma; el segundo, diversificar el modelo económico cubano. Porque si desde hacía ya mucho se repetía que "sin azúcar no hay país", lo evidente para ese entonces era que con ella sola tampoco lo habría en un futuro. De haber logrado ambas cosas, la de 1959 habría merecido también una "erre" mayúscula. Menor, claro está, que la del 30, pero también habría sido ella una Revolución.

No obstante, lo que en verdad se hizo a partir de 1959 fue destruir sistemáticamente a la economía, y sustituir a las formas republicanas por las autoritario-carismáticas que preceden a toda monarquía por cooptación. La destrucción de la economía por Fidel Castro y su pandilla fue tan exitosa que hacia 1972 se terminó por esfumar el último rescoldo de independencia que nos quedaba: A partir de entonces hemos dependido de los EE.UU. como nunca antes en nuestra historia.

Esta paradójica realidad resulta evidente si comprendemos que a partir del mega desastre de la Zafra de 1970, Cuba, sin economía, no ha podido subsistir más que de venderse como el aliado perfecto para quien por tener algo contra los americanos esté dispuesto a asumir el papel de Mecenas de la suprema obra de arte castrista. Quien quisiera jeringar a Washington solo tenía que sufragar los despilfarros pantagruélicos de un Fidel Castro que, a la manera de las vanguardias de principios del XX, se había propuesto la transformación total a su voluntad de una realidad humana: la del país que había tenido la desgracia de que él naciera allí.

Ahora, obsérvese bien este detalle: Todo ello, destrucción de la economía, pérdida de la soberanía, en fin, *el acabose*, el no dejar ni la quinta ni los mangos y tampoco donde amarrar la chiva... tiene su raíz en el establecimiento del dominio monárquico de una especie de artista de vanguardias en jefe. Establecimiento que, y escúchese bien, solo pudo alcanzarse gracias a la sistemática campaña de desacreditación de las formas republicano-democráticas allá por los cuarenta, y primeros cincuenta.

¿Y quiénes fueron los principales promotores de esa campaña? Pues quién si no, nuestros intelectuales. Unos más, otros menos, pero muy pocos escapan de esas culpas. No olvidemos a Fernando Ortiz justificando ante el Congreso, allá por el primer lustro de los cincuenta, la supuesta necesidad cubana de un Hombre Fuerte... Si alguien comprendió muy bien esto fue Fidel Castro, que quizás nunca habría sido capaz de escribir un tratado como *El Príncipe*, pero que en sacarle provecho a unos principios que no habría sido capaz de expresar de modo distinto sí era más hábil que Maquiavelo.

Fidel Castro sabía que quien corona es capaz también de destronar, y por ello se mostró tan interesado en restarle poder a quienes en un final lo elevaron al trono con su labor de erosión de las bases culturales de nuestra democracia republicana. ¿Y qué mejor método que destruyendo su autoestima? Más, cuando no podía simplemente deshacerse de ellos enviándolos a una UMAP, porque en sus maquinaciones geopolíticas, mediante las cuales pretendía conseguir mantener su "santa" voluntad independiente a la vez de la URSS y de los EE.UU., era clave el ganarse el apoyo de la intelectualidad occidental de los sesenta. Ese sector tan determinante en la opinión pública del mundo libre, que no habría admitido una solución tan radical sin armar la alharaca, y al que por el contrario se lo podía ganar para sus planes, si era lo suficientemente hábil para conseguir convencerlos de que acá se edificaba una nueva utopía, a la manera de la del "buen salvaje": un socialismo igualitarista con libertad de creación, y hasta de expresión.

Cabe afirmar que en la revolución de enero de 1959, y por sobre todo en los oscuros caminos que muy pronto habría de tomar, los intelectuales sí fueron determinantes. A su pesar, como comenzarían muy pronto a notar gentes como Gastón Baquero o Lezama Lima, y un poquitico después Virgilio Piñera y Cabrera Infante, quienes en un primer momento se habían prestado muy alegremente a servir de inquisidores en obras y vidas ajenas.

Es cierto que, como observara en su desconocimiento parcial de los cubanos y sus asuntos Ernesto Guevara, los intelectuales no se integraron en ninguno de los grupos de lucha armada contra el gobierno de facto de Fulgencio Batista. Pero esto de ninguna manera quiere decir que no tuvieran una participación fundamental en la revolución de 1959, y sobre todo en lo que vino después.

Los intelectuales cubanos, en su inmensa mayoría, allá en los años cuarenta y cincuenta habían tomado una posición de total desencanto, de nihilismo absoluto sobre el futuro de Cuba, que había incluido anexa una suicida campaña de desacreditación de las formas republicano-democráticas. Actitud y campaña, que unidas a ciertas teleologías místicas paridas por origenistas y compañía, o un tanto más "materialistas", de parte de ciertos historiadores pretendidamente marxistas, serían en definitiva las grandes justificantes del establecimiento de la monarquía carismática (y acabósica) de Fidel Castro.

Fueron los intelectuales cubanos quienes desde los cuarenta redujeron a polvo las bases culturales del edificio republicano, y esos polvos, a que dudar, no tardaron en convertirse en los lodos que en los sesenta los ahogarían a ellos mismos, antes o después.

Las tres formas de la Idea de Cuba
1.

Desde el punto de vista de quienes intentamos racionalmente sacar el mayor provecho colectivo a la Isla en que nos tocó nacer, las ideas de Cuba adoptan a lo largo de su historia tres formas básicas: Como Idea pequeña, poco atrevida, o *Ideíta*, como *Idea* propiamente dicha, y finalmente como *Ideota*, o Idea demasiado despegada de lo real y que por ello se infla y se infla en el vacío de la abstracción revolucionariezca.

Como todo suele ir de lo mínimo a lo desmesurado, la primera que surge es la Ideíta. Es ella producto de algunos prohombres de la Generación de 1793, por sobre todo de uno de los más grandes estadistas que las Américas hayan dado a lo largo de su historia: Don Francisco de Arango y Parreño. Le sigue la Idea, y tiene un muy bien determinado lugar de nacimiento, el Seminario San Carlos y San Ambrosio, y un partero ilustrísimo, el Padre Varela. Finalmente aparece la Ideota, y es nada menos que obra de un individuo injustamente relegado en nuestra historia, el santaclareño Eduardo Machado. ¿Cuándo...? Pues cuando este pilongo, uno de los cubanos más inteligentes y cultos de todos los tiempos, se convierta en el único representante del Gobierno en Armas en oponerse de plano al pedido de anexión que firmaran Céspedes, Agramonte, Cisneros Betancourt... y si los hubiesen dejado y hubieran sabido hacerlo hasta los negros que servían de ayudantes a cualquiera de estos personajes.

Aclaro que me refiero aquí a las ideas de Cuba, no a esa absoluta falta de ellas que puede apreciarse en alzamientos de vegueros isleños, los más frecuentes de negros esclavos, o en general en toda respuesta instintiva de los *de abajo* ante imposiciones desacostumbradas por los *de arriba*. Tener una idea de Cuba implica superar el limitado ámbito del individuo particular cuyos intereses no se mueven más allá del portón del Ingenio, de las últimas casas del pueblo, o de la esquina del barrio habanero, tener en fin un plan concreto de cómo solucionar de manera permanente las causas de la injusticia que se ha sufrido, o del problema nacional que se enfrenta. En este sentido el haber concienciado el intrincado contexto internacional en que siempre ha vivido la Isla es condición indispensable para que el producto final del pensador en cuestión pueda considerarse una idea de Cuba.

Las tres ideas de Cuba no siguen trayectorias separadas, en que cada uno de quienes le dan vida en un instante determinado pueda afirmar a la suya libre y pura de la influencia de las ajenas. Tampoco hay una continuidad histórica estricta de las mismas. No es infrecuente en nuestra historia que la Ideíta se transforme en Idea, o ésta en Ideota, pero tampoco es raro que entre Ideíta e Ideota, o a la inversa, haya continuidad inmediata.

La realidad es que no solo no habría podido surgir la Idea sin la existencia previa de la ideíta, sino que para mantenerse ella misma sin inflarse, ni desinflarse, necesita constantemente contrastarse con esta y con la ideota. Sin las cortedades de la ideíta, y las desmesuras de la ideota, muy difícilmente seríamos capaces de encontrar ese más realista punto medio, ese nacionalismo racionalista y cosmopolita, que es en esencia la Idea.

En consecuencia las tres estarán siempre presentes en los imaginarios de la Nación Cubana, como mismo siempre habrá en su cuerpo social individuos con toda su atención volcada a los asuntos económicos más prosaicos, a un tiempo que visionarios, iluminados, charlatanes, pícaros y toda esa ralea de "anormales" que le dan color a cualquier nación de fuste.

2.

Dos son los puntos que nos permiten clasificar en alguna de las tres categorías dichas a cualquier representación de lo cubano: La percepción que de la situación internacional de la Isla tiene cada uno de los que le dan vida, previa concienciación de la misma; el punto de vista que sobre la participación de los cubanos en el gobierno de la sociedad isleña se tiene en cada una de esas representaciones.

La ideíta, aunque ha comprendido lo privilegiado de la posición de la Isla, sobre todo desde el punto de vista económico, siempre ha supuesto que lo mejor es mantenerla enlazada políticamente a alguno de los centros de poder mundial que la apetecen. Ante los riesgos que traería la independencia política, al convertir a la Isla en el campo de batalla de los Imperios Mundiales, los *ideitosos* han preferido siempre arrimarse, subordinarse a uno de ellos. Con lo que, sin embargo, terminan por limitar y hasta hacer desaparecer sus posibilidades, al convertirla de encrucijada de los caminos mundiales en área subordinada del Imperio Mundial escogido.

En cuanto a la posición de la ciudadanía, en el modelo de convivencia por ella preferido, la ideíta siempre ha sostenido un punto de vista elitista: Para los ideitosos el pueblo cubano o no importa, al promover el ideal de una sociedad estratificada semejante a la inglesa de la primera mitad del siglo XIX, o en todo caso han supuesto que es endémicamente incapaz de gobernarse a sí mismo, y que por tanto o necesita de un poder fuerte extraterritorial que lo gobierne por los siglos de los siglos, o al menos que lo eduque poco a poco en el mejor gobierno democrático, para que solo así se justifique algún día una posible independencia política.

Es de destacar que la ideíta siempre ha estado asociada a una magnificación de lo económico, y por tanto en su ideación son predominantes los intereses más prosaicos de sus promotores. En este sentido es bueno aclarar que a semejanza del hombre común el ecónomo tampoco suele necesitar vitalmente de las ideas. Pero lo que lo diferencia radicalmente de aquel es que en su caso sus intereses suelen extenderse mucho más allá del limitado ámbito de vida local, del limitado espacio de vida del hombre común de la época respectiva, y por lo tanto en ese vasto espacio que está más allá de lo tangible el ecónomo necesariamente tendrá que echar mano de algunas ideas que lo ayuden a conducirse. En el caso cubano, la ideíta, sea como autonomismo, reformismo, anexionismo, plattismo… es la llamada a cumplir esa función.

El sostenedor de la Ideota, por su parte, es un individuo que no logra nunca percibir la interconexión de la Isla en el contexto internacional más que como una desgracia. Para él Cuba no es una encrucijada de caminos, sino el pedazo de tierra en que habita un ser hidrófobo (¿un gato?) al que rodea el mar. De hecho para el ideotoso el contexto internacional se convierte en el gran peligro y en el obstáculo supremo a esa fantasiosa evolución insular que debería de seguir la Isla en el mejor de los mundos posibles: Aquel en que Cuba reposará en la cara oculta de la Luna, bien resguardada de cualquier influencia foránea, aun alienígena.

En un final la concepción del ideotoso es más o menos la de su batey, su pueblo, o su barrio habanero, pero ahora mal estirada a trompicones hasta cubrir a toda la Isla (con el guevarismo a toda Latinoamérica). Porque la Ideota en sí no es más que el producto ideal que adquieren para su uso las masas guajiras, negras, mulatas, asalariadas, o del solar o el barrio bajo habanero, cuando, tras ser arrastradas a la Guerra Grande por las élites de la Cuba más allá del *hinterland* habanero, a partir de 1873 llegan a hacerse con la dirección real de la misma.

En cuanto a la posición que le asigna a la ciudadanía, la Ideota no puede ser más contraproducente. Pretende ser la idea propia de las grandes mayorías, la expresión del interés general del *pueblo cubano*. Mas debido a que el tal agrupamiento no es más que una entelequia, al menos mientras los sostenedores de la Ideota no se hacen con el poder y comienzan a conducir la uniformización *popularizadora* a la fuerza, la realidad es que su modelo de convivencia nacional no puede ser más antidemocrático, al presuponer que esas mayorías tienen que ser conducidas y enseñadas a descubrir en sí mismas esa supuesta idea propia de ellas, a la que no obstante por sí solas no alcanzan a llegar.

El ideotoso sincero es un alucinado, que al creerse en comunicación mística con el *pueblo cubano*, y por lo mismo iluminado depositario de la revelación de su interés general, padece una visión de sí mismo exagerada, y en consecuencia unas muy acusadas tendencias autoritarias. Pero no solo hay ideotosos sinceros. A la vera de la Ideota se arriman muchos charlatanes u oportunistas, tanto aquellos que solo buscan pasar bien, medrar a costa de la idea que tiene el sartén de lo cubano cogida por el mango, como esos otros que están siempre a la caza de un medio para dar rienda suelta a sus ambiciones autoritarias, y que son capaces de adoptar la Ideota solo con ese interés.

Por último la Idea, que como hemos dicho más arriba nunca podría existir sin sus hermanas la ideíta y la ideota, en eterno contraste con ellas, parte de la certeza de que la colectividad que reside en esta Isla nunca sacará más provecho de la misma que bajo un régimen de independencia política, en que se aprovechen las enormes posibilidades que le da a Cuba su situación privilegiada en la encrucijada de los caminos mundiales. Sostiene además de la independencia política la plena soberanía nacional, o sea, no la soberanía de alguna élite cubana residente en el país, en base a su superioridad económica o *patriótica*, sino de toda la Nación Cubana, de todos los cubanos.

Desenvolvimiento histórico de la Idea independentista: De Varela a Martí

Al Padre de la Patria Cubana, padre Félix Varela.

1. La primera Idea de Cuba, clara y distinta, nace en medio de la disputa de la sacarocracia habanera con el Estado Español y la Real Marina por acceder al libre comercio y a la libre explotación de los recursos de la Isla.

Esta clase ha recibido el impulso de un factor externo: Carlos III. Es este monarca quien comprende, tras la devolución de La Habana por sus ocupantes ingleses, la necesidad de fortificar hasta la invulnerabilidad ese punto neurálgico de su Imperio, para lo cual además promoverá y empoderará a las élites de esa ciudad. La evolución de esta clase es por cierto espectacular: Solo 30 años después es ya una clase consciente de sí misma y de sus necesidades, pero además, con un espíritu emprendedor comparable al de las élites de ciertos estados del vecino norteño, e incluso con una visión del mundo en algunos aspectos mucho más amplia.

Como buena clase económica y comercial no aspira a más que a la libertad económica, y por lo mismo nunca se plantea la posibilidad de alcanzar la libertad política. En buena medida también porque *de facto* es ella el poder económico detrás del trono absolutista español. Al menos hasta la muerte de Fernando VII, y el consiguiente ascenso de los liberales moderados en España; quienes muy bien habrían de demostrar entonces el haberles guardado las cuentas a sus homólogos habaneros, por los años en que con su dinero sostuvieran al *Rey Felón*.

El siguiente paso, que incluye la aspiración a la independencia política, lo da la Idea algunos años antes de la llegada de Miguel Tacón a La Habana. Ocurre esto cuando todavía los

129

sacarócratas de esa ciudad detentan el poder imperial, a la manera en que lo habían ejercido los banqueros genoveses y alemanes de inicios del siglo XVI, tras el trono de Carlos I de España y V de Alemania. Se da por lo tanto en una Isla, la de entre 1815 y 1820, en que desde una posición ya no solo interesada en el beneficio económico, intelectuales como Félix Varela caen en la cuenta de la privilegiada situación que la clase directora isleña tiene en los tejidos de poder mundial. Una clase a la que de una u otra manera esos intelectuales están ligados.

Un mundo muy especial este de entre 1815 y 1820, por cierto, en que tras el desastre de Trafalgar ni España ni Francia cuentan como poderes navales; en que todavía los EE.UU. no han terminado de recuperarse de la desastrosa Guerra de 1812, ni mucho menos lanzado su Doctrina Monroe en claro desafío al poder inglés; y en que este último prefiere a una Iberoamérica independiente, ya que al no tener por entonces competidores posibles ni en lo naval, ni en lo económico, puede explotar las inmensas posibilidades de todo un continente sin necesidad de verse obligado a echar mano de una costosa ocupación militar, de resultados siempre imprevisibles (las experiencias en el Mar del Plata de 1806 y 1807 habrían de resultar determinantes en la adopción de esta línea de política exterior británica).

Un intervalo de tiempo este entre 1815 y 1820 por completo excepcional dentro del más amplio periodo que media entre 1689 y 1918, ya que durante esa pequeña ventana temporal la combinación de factores mencionados en el párrafo de arriba hará factible obtener la independencia política en las Américas Hispanas. Un intervalo en que existe una realista posibilidad de realizar la idea de independizar a la Isla de Cuba.

Sin embargo, no tardan estos iniciales promotores de la Idea de Cuba independiente en caer en cuenta que la sociedad cubana no está preparada para esa independencia, tanto por la escasa cultura política de sus habitantes, como por lo heterogéneo de los elementos que la componen: El que la sociedad cubana no está solo constituida por blancos, sino también por negros, el que la proporción de ellos aumenta y el que en definitiva algo habrá que hacer con los mismos, sorprende a unos seguidores del padre Varela que hasta caer en cuenta de ello parecen haber habitado en el reino de las abstracciones librescas más que en el de la realidad política. En cuanto a la otra gran desigualdad social cubana, la existente entre el campo y la ciudad, habrá que esperar hasta los tiempos de Anselmo Suárez Romero para que estos comiencen a comprender la distancia abismal que media entre el "señorito" ilustrado de ciudad y el campesino, el "guajiro".

Lo segundo que descubren los varelianos, incluso antes que el mismo padre Varela, es que el mundo a partir de mediados de la tercera década del siglo XIX ya no se presta para esa independencia que vimos factible de soñar solo un lustro antes. Para entonces unos americanos plenamente recuperados y en ascenso se atreven a desafiar al poder inglés con su Doctrina Monroe. Es cierto que este último poder todavía se empeña en amparar independencias americanas en regiones alejadas de su ex colonia, y por lo mismo inalcanzables para Washington en lo inmediato, pero con la definitiva anexión a los EE.UU. de la Florida Oriental, en 1821, no es este ya el caso de Cuba, que de la noche a la mañana ha quedado casi a la vista de las costas de ese naciente poder hemisférico. Gran Bretaña, el gran hegemón mundial, no puede permitir que la Isla pase a manos de los americanos, quienes ya la apetecen por su privilegiada posición geográfica.

Sobre Cuba, por tanto, se ha situado a partir de la tercera década del siglo XIX uno de los dos frentes de conflicto entre Gran Bretaña y los EE.UU., lo que le acarreará trascendentales consecuencias para su futuro.

En lo inmediato una tiene que ver con la Santa Alianza. Este pacto de los poderes retrógrados europeos da muestras de no ser solo una entelequia y sí un peligro real para las Américas, sobre todo por el rápido resurgimiento del poderío naval francés (recordemos que son los 100 mil Hijos de San Luís quienes restablecen la monarquía absoluta en España). Se hace factible ahora enviar grandes contingentes militares desde Europa, a la reconquista de los territorios ex coloniales españoles, no las minúsculas expediciones que alcanzó a enviar Fernando VII durante las Guerras de Independencia de América del Sur y Central. Solo lo impiden en realidad los cañones de la incontrastable *Royal Navy*, no las declaraciones de un presidente americano que para cumplir en lo inmediato con lo de "América para los americanos" no cuenta con ninguna fuerza real más allá de sus propias fronteras y costas. Pero como ya hemos visto arriba, se da el caso, por su peligrosa cercanía a los EE.UU., de que los británicos prefieren que en lo futuro la Isla de Cuba permanezca en manos españolas, capaces de enfrentar todavía a los americanos, y no en las escasas de sus habitantes, que no bastarían para ello. Por tanto, si gracias al poderío naval británico la amenaza de la Santa Alianza de ayudar a España a recuperar sus ex colonias poco significa en otras regiones de Iberoamérica, no es ese el caso de Cuba.

En consecuencia, a la amenaza de la Santa Alianza de apoyar a España deberían enfrentarse sin lugar a dudas quienes consiguieran proclamar a Cuba independiente, aun quienes intentaran conseguirlo. Un desafío que la poco poblada Isla no podría asumir.

Por último, el problemático resultado de las independencias latinoamericanas, toda una advertencia de los desafíos internos a que habrá de enfrentarse un país de herencia española que intente independizarse, termina por enfriar las aspiraciones de los varelianos, y a su vez detiene las gestiones de quienes, ante las dificultades del contexto internacional arriba descritas, han pensado que la solución se encuentra en buscar el apoyo de los ejércitos de La Gran Colombia al sur, o de Méjico, al oeste.

Las amargas experiencias que a los varelianos en general les deja la constatación de lo que ocurre en Méjico, Centro y Sur América, y en concreto a los que en sus gestiones en busca de apoyos para expulsar a España de la Isla han marchado a Ciudad Méjico, Bogotá, Caracas... resumen los inconvenientes, los enredados nudos en que ha terminado atascada la Idea independentista para 1824; fecha en que no obstante Varela comienza a publicar *El Habanero* en Nueva York: Por un lado la ingente tarea que significa crearse una Patria de unos elementos tan heterogéneos como los que deja atrás la dominación española; por el otro los peligros que para los habitantes de la Isla y su prosperidad futura implica el irse a buscar apoyos externos, incluso en las recién independizadas repúblicas "hermanas", que a pesar de la consanguineidad o no dudan en usar a Cuba como moneda de cambio en sus relaciones con España, o en todo caso aspiran en secreto a incluirla como un área subordinada más en sus territorios.

Frente a tal conjunto de negativas constataciones la Idea de Cuba no podrá más que renunciar a incluir la aspiración a la independencia política por una buena parte del resto del siglo XIX. La Idea de Cuba, para salir de su crisis, deberá antes encontrar soluciones realistas a estos dos problemas: Cómo mantener a la Isla independiente en ese mundo noratlántico del *diecinueve* en el que tan insertada está, y cómo conseguir constituir la sociedad nacional, integrada y viable políticamente, la Nación Cubana en propiedad.

2. Para 1830 la Idea, abandonada por el núcleo intelectual y *revoliquero* que la empujaba, retrocede a su estado inicial, ahora ya no como aspiración a nada, sino cual concreción ideal de la satisfacción de la clase económica y comercial por la libertad económica, fiscal, y *negrera* de la que han llegado a disfrutar gracias a su alianza con Fernando VII.

Pronto, sin embargo, se verá obligada a retomar movimiento cuando el monarca muera en 1834. La reencontramos ahora en su encrucijada del *Taconazo*, en que ante el naciente estado liberal español, que amenaza con poner en ley sus principios abolicionistas, al tiempo que plegarse a las demandas que en el mismo sentido le hace el gobierno británico, en pleno las élites económicas isleñas[21] aceptan que la Isla no se rija por las mismas leyes que la Península. Esperan que así adquiera un carácter excepcional que la libre de las decisiones de la rama legislativa, dominada por los liberales peninsulares, y la someta al control directo de la Regencia de la reina infante Isabel II.

En vista de este acuerdo entre élites, tomado en gran parte por ese irreflexivo *embullo* nuestro, pero sobre todo por un terrible error de cálculo, Cuba se priva a sí misma de la representación parlamentaria. De más está decir que en Madrid tal jugada, en que un formidable contrincante acepta salir del juego político para evitar el tener que seguir en la partida, es recibida con alivio.

Hay detalles de la excepcionalidad que molestan desde un principio, sin embargo. Lo que si no toda la élite se traga en un primer momento es el régimen muy liberal de las *libertades omnímodas...* por desgracia solo de su Excelencia, el Capitán General. Para los viejos patricios habaneros, que desde bambalinas lo controlan, así como para sus clientes familiares, los *negros curros*, la decisión del Estado Español de combatir el libertinaje habanero, de sanear el ambiente de esa ciudad, de iluminarla y civilizarla, no es bien recibida y es el origen de su creciente malestar subsecuente con la dominación española. Pero no pueden protestar, al menos mientras no pongan en cuestión la jugada política en que se han embarcado, porque

---

[21] Para nosotros los peninsulares son parte también, y fundamental, de la sociedad isleña. La visión de solo reducirla a los insulares, y tratar así de escribir su historia solo conduce al error.

esa militarización es obligada consecuencia de su decisión de someterse solo a la autoridad real, o en este caso de su regente.

Pero en general el embullo con lo de la excepcionalidad pronto desaparece. La solución de darle un carácter excepcional a Cuba dentro del orden constitucional del Estado español, de militarizarla, que es lo que en un final ocurre, también tiene otros inconvenientes, pronto percibidos por los miembros más intuitivos de las clases directoras. Si bien da alguna seguridad en una Isla que literalmente rebosa de negros, en los cuales está invertida buena parte de la riqueza, y que podrían quemarla por completo si es que consiguieran sublevarse exitosamente, más que solucionar el problema esencial amenaza empeorarlo. Aparte de los excesos que hay que sufrir de parte de esas autoridades dotadas de facultades omnímodas, lo que se demuestra pronto muy molesto debido a que los nuevos aires en España moldean a un jefe militar civilizado y liberal ya no tan afín a hacerse de la vista gorda al libertinaje isleño, la realidad es que la renuncia a la representación en Madrid pone a Cuba en manos de una clase política sobre la que solo puede influir a través de las relaciones personales, lo que podría ser funesto si de repente uno de los habituales *pronunciamientos* ibéricos llevara al poder a algún grupo político radical, abolicionista y probritánico, con el cual La Habana careciera de contactos previos.

En un final lo que ha ocurrido se explica en la inercia, y en algunos de los basamentos ideológicos de la Cubanidad: Habituados a controlar la política del reino desde las relaciones personales, los cubanos han creído poder continuar con los mismos métodos cuando en España la política baja de los palacios reales, los arzobispados y casas solariegas hacia las plazas públicas, los cuarteles o las redacciones de los periódicos. No han notado esa traslación del centro de la vida política ibérica, y han querido aferrarse a sus históricas buenas relaciones con un trono que sin embargo quedará en una posición muy desfavorable entre 1836 y 1874. Han tomado una decisión funesta, la cual solo podrán rectificar al irse a la manigua en 1868, porque una vez hecha la renuncia, las élites políticas ibéricas, por sobre todo las de su periferia catalana, con el apoyo de una parte de la élite isleña, ya no cederán tan fácilmente.

Así, al quedar la Isla sin representación política dentro del estado español, y al de hecho no solucionarse la precariedad de la posesión de esclavos dentro de ese estado con la jugada de situarse en una posición excepcional, a comienzos de los 1840 la Idea de Cuba deberá volver a repensarse. Es evidente que resulta imposible retomar el independentismo en 1840. La Isla de Cuba en ese año no puede aspirar a vivir cual una entidad independiente, por su posición estratégica clave en medio del conflicto entre Washington y Londres, pero sobre todo por el enorme número de esclavos, y en general negros segregados de la sociedad blanca, quienes amenazantes habitan en sus márgenes, y a quienes se impone mantener contenidos con fuerzas de las cuales la Isla blanca no dispone.

La solución será obvia entonces: Para bien o para mal la Idea de la anexión de Cuba a los EE.UU. hace aparición en nuestra historia,

No tanto la anexión a la parte yanqui como a la *Dixie*, ya que la principal inquietud de esta ala anexionista es la de conservar las posesiones de esclavos, propiedad que bajo la soberanía española parecía peligrar, en vistas del manifiesto interés que el Madrid liberal mostraba en congraciarse con Londres y su política de persecución internacional al negocio negrero.

La Idea anexionista será, sin lugar a dudas, la solución "nacional" más socorrida por largos años, sobre todo en La Habana y el Camagüey. Pero no será solo la solución de los sacarócratas, ni estará solo inspirada por los espurios intereses del tráfico humano. Bajo ella se reúnen tanto las élites azucareras y comerciales que habían estado a favor de las leyes especiales y la no representación, como parte de aquella minoría que se había opuesto a tal solución.

Muchos de los viejos o nuevos varelianos, que quizás en otro momento histórico más favorable, y también con un poco menos de prejuicios racistas a cuestas se habrían opuesto a ella, se unen a la Ideíta anexionista por ver aquí la solución a los problemas sociales de la Isla, sobre todo al de la integración entre blancos y negros (que presumen desaparecerá con la inundación de blancos americanos); y el de la manifiesta incapacidad de casi todas las clases y grupos cubanos para la vida democrática (que en este caso solucionará la inundación de los valores americanos).

Es en propiedad la otra cara del anexionismo cubano a los EE.UU., su versión *Yankee*. La más justificable, por cierto.

A esta Idea Anexionista, en sus dos vertientes, le saldrá al paso un formidable campeón, sin lugar a dudas nuestro mejor polemista de todos los tiempos: José Antonio Saco. Un heredero del pensamiento de Varela, que se niega a aceptar los valores culturales de una civilización que sabe no es la suya, y a la cual él y Varela han llegado a conocer lo suficientemente bien como para entreverle muchos de los deslucidos en su proceso democrático. En este sentido cabe aclarar aquí que las *Cartas a Elpidio*, más que un texto de inspiración devota es una arma en la política de distanciamiento cultural que estos dos titanes nuestros siguen a partir de 1830, más o menos, cuando barruntan la posibilidad futura de que sus compatriotas lleguen a considerar esa solución (ya en 1828 Saco había publicado interesantes crónicas de la sociedad americana, en las que marca distancia con ella, al sacar a colación desde los prejuicios anti-judíos, hasta lo insulso y pedestre de las costumbres: nada le resulta más aburrido a este cubano de maneras británicas que un domingo en los *States*).

La Idea Anexionista, luego de los contundentes *sacazos* y del fracaso definitivo de los intentos anexionistas de enero de

1859, cuando fallan las sendas votaciones en el Senado y la Cámara americanas que constituyen el intento más justificable de anexarnos a los EE.UU., vuelve a regañadientes al redil español para transformarse en Idea Reformista. Aunque a través del rabillo del ojo se mantiene a la expectativa de todo lo que acontece en el vecino norteño.

Sin embargo esta Idea Reformista, que vuelve a confiar los destinos de la Isla a España, es ya muy distinta de la Idea de la Cuba Española de los tiempos de Fernando VII y Arango y Parreño. Si en 1815, tras derrotar los sacarócratas a la todopoderosa Real Armada en la puja por los bosques cubanos, era constatación del poderío de la élite habanera dentro del Imperio, ahora, en 1860, es todo lo contrario. Entonces era conciencia de que no se podía estar mejor, ahora es conformidad por tal de no estar aun peor.

De hecho lo que se persigue no puede ser más conformista, inestable, incluso incómodo para la mentalidad nacional: Las tales Leyes Especiales, que traigan la política impersonal basada en leyes racionales a la Isla, en vista de lo precario de la excepcionalidad a través de las relaciones personales con un poder real cada vez más y más débil. Unas leyes que necesariamente significarán la subordinación política definitiva a las élites políticas matritenses.

Ante el fiasco de la Junta de Información de 1867, la capacidad de la Isla para repensarse a sí misma vuelve a ponerse en actividad, ahora de la mano de esos para nada sensatos habitantes de la que Juan Pérez de la Riva llama la Cuba B, en contraposición a la Cuba del *hinterland* habanero. En 1868 se van a la guerra los hacendados y abogados orientales, seguidos por una gran masa de guajiros, a quienes por primera vez se ha sometido a impuesto directo a resultas de las contraproducentes medidas que se toman en el Madrid informado por los reformistas. Mas no es tan claro lo que se persigue por los líderes del movimiento.

Nunca se ha alcanzado a definir con claridad el grado de conocimiento que los conspiradores cubanos de la Junta Revolucionaria de La Habana, o la de Puerto Príncipe, tenían de los ajetreos de sus primos españoles anti-isabelinos (Prim, y Carlos Manuel de Céspedes habían sido íntimos en 1840; los conspiradores peninsulares parece gestionaron ayuda económica con la junta habanera). Pero de que lo había, lo había, y esto resulta evidente a pesar de que casi las únicas fuentes documentales con que contamos al presente son las declaraciones posteriores de los alzados de octubre-noviembre de 1868.Quienes, ante los inesperados caminos que la historia habría de terminar por tomar a partir de aquel 10 de octubre, sin lugar a duda cambiaron ante la posteridad mucho del carácter de las motivaciones que los movieron en aquellos días.

Por ejemplo, ese significativo auto-nombramiento de Céspedes como Capitán General, que siempre lo hemos achacado en última instancia a la visión y los incuestionables intereses autoritarios del "Padre" de una Patria que, por cierto, ya tenía uno más justificado en Félix Varela, ¿no habrá tenido otra motivación más política?, ¿la de acaso presentarse como una alternativa, la verdadera anti-isabelina, a Francisco Lersundi, un manifiesto incondicional de la reina recién destronada que por entonces se desempeñaba cual Capitán General de la Isla de Cuba? ¿No pretendía Céspedes enviar un mensaje a su viejo amigo Juan Prim, el Hombre Fuerte de la España revolucionaria?

En todo caso la atención fija en Washington de esos "Padres de la Patria", de la segunda hornada, no deja lugar a dudas: En el 68 es una Idea independentista enclenque e irresoluta, un tercio reformista, un tercio anexionista y otro tercio perpleja, la que se va a la manigua. Aquellos hombres, incluso los que tenían conciencia de la realidad nacional e internacional de la Isla, lo que buscaban oscuramente con aquel alzamiento era o una mejor situación dentro del Imperio Español (quizás hasta soñaban con la central de sus abuelos), o la anexión a los

EE.UU. Lo primero con más fuerza en Oriente y Las Villas; lo segundo en el Camagüey y La Habana.

Lo que termina por ocurrir, sin embargo, es que esa irrealidad que siempre es la guerra pronto supera a los iniciadores del alzamiento. Es así que en medio de ella hace su primera aparición *la tradición revolucionariezca*, toma la antorcha del movimiento, la convierte en tea incendiaria y la emprende con los cañaverales, potreros y cafetales del este de la Isla; en una clara demostración de su natural anti-económico, romántico, anti-cotidianista.

Es en propiedad el pilongo Eduardo Machado su comadrón, no el oriental Céspedes, con un gesto que visto desde el presente nos puede parecer todo lo digno de encomio que queramos, pero que en su momento no pasaba de disparate mayúsculo.

Se da de esta manera el caso de que uno de los cubanos más inteligentes, cultos y mejor informados es quien de repente se opone a aceptar las vías de escape de una Revolución acosada por su incapacidad de lograr rápidamente sus difusos y ocultos objetivos. Una incapacidad que, por cierto, de manera evidente nunca fue la esperada, al menos por el bando oriental. Eduardo Machado se niega a apoyar al bando camagüeyano en su salida anexionista, que ha involucrado consigo al desesperado oriental, y este acto, junto a la indiferente respuesta del recién electo Ulysses Grant, dejará la puerta abierta para que la tradición revolucionariezca dé sus primeros pasos, comience a gatear y hasta le salgan unos muy filosos primeros dientecitos. Cualidad dentaria que entre 1871 y 1879 no tardará en comprobar el ejército colonial español en la Isla de Cuba.

La tea encendida de Eduardo Machado pronto pasa a las manos de los caudillos regionales, y sobre todo a los caudillos regionales negros, mulatos y guajiros, que desde sus reducidos espacios vitales dan entonces en el sueño de una independencia que no es más que inconsecuencia con la realidad de la Isla. Son los caudillos regionales, haciendo la única guerra que podía hacerse en Cuba, dada la enorme desproporción entre los combatientes, quienes primero viven independientes en la Isla[22], y de la experiencia de esa guerra de desgaste eterna se arma el ideal de Patria de la tradición revolucionariezca: Una Nación Cruzada en guerra interminable desde lo profundo de la manigua, contra España primero, pero pronto contra todo ese mundo exterior que no permite que la Isla viva solo en base a sus tendencias "naturales" internas. Una Nación de Cruzada concebida en lo social como un cuartel, como un campamento, en que los caudillos ordenan y los ciudadanos ocupan disciplinadamente su puesto y cumplen con lo mandado (su definición según el teórico revolucionario Raúl Castro).

Debe señalarse que la tradición revolucionariezca cubana hereda de la dominación española la idea del Presidio, de la Fortaleza Sitiada, a través de aquellos elementos nacionales con un ámbito existencial limitado a su región, y que por los azares de la Guerra entran en la política. Ese campo más allá de lo vivenciable de manera tangible en que resultan imprescindibles a la larga o a la corta las ideas. Las más probadas de las cuales, sobre todo para el hombre común de la época respectiva, parecen siempre encontrarse en el pasado, y en el caso de nuestro hombre común de 1873 en la tradición colonial.

No obstante esa Guerra que comienza una Idea irresoluta y perpleja, y la termina a regañadientes una penosa tradición, dejará una serie de saldos positivos para una Idea más realista de Cuba.

Primero: Se sientan las bases para la integración de blancos y negros en una sola nación (ya después de la Guerra Grande las

---

[22] Si hacemos excepción de la cuasi-independencia que disfrutaron los habaneros hasta la sustitución de los Austrias por los Borbones en el trono del Imperio Español, y los camagüeyanos y orientales hasta casi el inicio del siglo XIX.

propuestas blanqueadoras comienzan a perder credibilidad pública), y en la convivencia de los campamentos mambises, en ese mayoritario y más productivo espacio de tiempo en que no se combate, pero en que se desgastaba inexorablemente a España, se comienzan a crear los imaginarios participativos e igualitarios que muy pronto, en el periodo de entreguerras, se habrían de propagar entre la mayoría de la población que no había tomado las armas en aquella primera guerra.

Segundo: A nivel popular la idea de la independencia, hasta entonces sueño de ilusos, gana el corazón de los cubanos de todas las clases y razas. Solo falta por ganar su razón. Lo cual realizará José Martí, en el periodo que él mismo llama de Tregua Fecunda. Ante todo entre el muy importante sector emigrado, tan necesario para el sostenimiento del tipo de guerra que cabe hacerse en Cuba, y para la inyección en el cuerpo nacional de los hábitos, costumbres y conocimientos de los pueblos industriales, cultos y modernos.

3. Para un observador poco sutil la propuesta independentista martiana parece consistir en vencer a España en una guerra relámpago.

Martí ciertamente cuenta con que Madrid demorará en movilizar a sus fuerzas, que cuando lo haga estas no llegarían en todo caso a la desmesurada magnitud de lo enviado a la Isla durante la Guerra Grande, y además, que esa misma rapidez cubana también impedirá que lo que él llama el "elemento tempestuoso y rampante" de la política americana, "de que hay que temerlo todo, y por el Norte y por el Sur quiere extender el ala del águila", tenga tiempo de movilizarse antes del logro de la independencia. Bajo la segunda presidencia de un Grover Cleveland (1893-1897) negado de plano a meter sus narices en lo que considera el berenjenal cubano, quedaba claro que los tiempos de reacción de los adversarios de la independencia cubana en el vecino del norte se alargarían considerablemente, quizás hasta la siguiente asunción presidencial (como de hecho ocurrió). El detalle estaba en que para el vigésimo cuarto Presidente de la Unión, hombre por demás de mentalidad aislacionista, Cuba caminaba ineluctablemente hacia una devastadora guerra de razas, de la que lo mejor era que se ocupara España misma.

Pero aunque un aspecto principal de ella, no es el *blietzrieg* el núcleo de la propuesta martiana. Para Martí, el principal problema no es vencer a España, sino conseguir manipular el contexto internacional cubano de manera que la independencia de Cuba sea factible.

Para ello Martí por sobre todo cuenta con la reacción favorable de la opinión pública norteamericana y europea en apoyo a la causa de Cuba libre, y también con el apoyo de ciertos gobiernos, primero que nada los latinoamericanos, a los que confía en hacer entender la conveniencia de la misma para sus propios asuntos.

Buena parte de la actividad política de Martí desde más o menos 1880, con su apogeo entre 1889-1891, ha ido precisamente en la dirección de asegurar para una Cuba que lucha por su independencia la más favorable reacción de la opinión pública de Las Américas. De hecho puede afirmarse que su prolífica actividad periodística de la década de los 1880 ha estado encaminada a ganarse, con ese fin, a las audiencias cultas Iberoamericanas, y a sus clases políticas dirigentes. En ese sentido su *nuestroamericanismo*, enunciado en el ensayo *Nuestra América* de 1891, debe de ser entendido como una reacción a la actitud de muchos gobiernos latinoamericanos durante la Conferencia Panamericana de Nueva York de 1889. En la cual no pocos de ellos habían dado de una u otra forma su apoyo al intento que, tras bambalinas, Washington hiciera de comprarle la Isla de Cuba a España.

Con el discurso *nuestroamericanista* Martí quiere hacer comprender a los gobiernos y a la opinión pública de Latinoamérica que en ese mundo en que les ha tocado vivir, en que como en 1884-1885 las grandes y medianas potencias noratlánticas se han reunido en Berlín para repartirse un continente como si de una torta de cumpleaños se tratara (África), solo un sistema de seguridad colectiva, una unidad de propósito en enfrentar al "tigre de afuera", puede permitir que las naciones al sur del Río Grande mantengan su independencia.

Es necesario hacer un aparte para aclarar que aunque individualizado para un mejor contraste con el "tigre de adentro", con "tigre de afuera" Martí no se refiere solo a los EE.UU., y quizás ni en primer lugar a estos. Tengamos en cuenta que todavía en 1894 las costas de esa nación se encuentran por completo a merced de las muy superiores marinas inglesa, alemana y francesa, y en el caso de la costa pacífica y hasta 1892, incluso de la chilena. No son los EE.UU. contemporáneos a la publicación de *Nuestra América* otra cosa que un gato bien alimentado, pero uno que vive en la vecindad inmediata y que es fácil adivinar terminará por convertirse en un tigre dientes de sable; mas solo con el avance del nuevo siglo.

Martí pretende convencer a los gobiernos y a la opinión pública de Latinoamérica de que pongan a prueba esa tesis de la seguridad colectiva al reunirse en el apoyo a la independencia de Cuba: Un frente único latinoamericano en defensa de la independencia de Cuba sería el comienzo ideal de ese sistema de seguridad colectiva, a la vez que para los cubanos una ayuda determinante a la causa de su independencia.

Por su parte, en *El Manifiesto de Montecristi*, Martí ensaya cual deberá ser la política a seguir por la Revolución, y la futura República, hacia las superpotencias europeas. Exactamente en aquella oración que parece ser la única que han leído los representantes de la tradición revolucionariezca cubana (aunque sin entenderla ni a derechas, ni a izquierdas), nos dice: "La guerra de independencia de Cuba, nudo del haz de islas donde se ha de cruzar, en plazo de pocos años, el comercio de los continentes, es suceso de gran alcance humano, y servicio oportuno que el heroísmo juicioso de las Antillas presta a la firmeza y trato justo de las naciones americanas, y al equilibrio aún vacilante del mundo."

Y es que con el aquello de restablecer los equilibrios en un mundo que está por abrir un canal interoceánico a través de lo que poco después sería el Panamá independiente, cuya posesión por los EE.UU. desequilibraría a su favor los balances de poder estratégico mundial, es evidente que Martí parece más que nada querer convencer a ciertas superpotencias europeas, Gran Bretaña y Alemania en especial, de la conveniencia de una "Antillas Fuertes" e independientes a las puertas de dicho canal, a medio camino entre este y los EE.UU.

Consciente de que Gran Bretaña o el Imperio Alemán, que por entonces mantenían una política de acercamiento mutuo, no se iban a arriesgar a provocar un conflicto con los EE.UU., al intentar hacerse con la soberanía de una Isla situada muy adentro del área de influencia americana, Martí les propone una solución salomónica. Que en lugar de pretender instalar en Cuba una siempre problemática fortaleza propia, amparen en ella el surgimiento de un estado independiente, no sometido a los dictados de Washington. Un aliado más seguro que España, dotado de fantásticos puertos y con una reconocida capacidad de tragarse a ejércitos enteros de ocupación; un aliado a quién por sus propias necesidades de supervivencia le interesaría tanto o más que a ellos mantener contenidos a los EE.UU.

Martí es en definitiva consciente de lo intrincado de las conexiones de la Isla dentro de las redes de la economía y de las jerarquías del poder político global; de su lugar en la encrucijada de los intereses de los grandes imperios y de una Latinoamérica que a su vez necesita contener a dichos intereses, al menos en lo tocante a los suyos propios. Pero a él este hecho no lo hace desalentarse y renunciar a la Idea independentista para adscribirse a la autonomista, a la anexionista, o en todo caso a la estulta revolucionariezca. Por el contrario, para Martí tan compleja circunstancia facilita el logro de la independencia y su conservación posterior, si se comprende que para alcanzarla no basta con irse a la manigua y asumir una actitud intransigente hacia el *afuera*: la eterna guerra caudillista de desgaste contra él.

Con Martí la Idea independentistas se establece, por primera vez, sobre bases realistas. Al proponer soluciones factibles a los dos grandes problemas ante los cuales los varelianos se habían descubierto allá por 1825. Sobre todo, al problema del contexto desfavorable para esa independencia.

Martí comprendió muy bien que la independencia de Cuba no se ganaba tanto en los campos de batalla como en los lances diplomáticos, o en las contiendas mediáticas por ganarse el favor de la opinión pública, sobre todo americana[23]. Entendió que se podía muy bien explotar a favor de Cuba los intereses enfrentados de potencias, regiones y pueblos, que chocaban sobre el territorio de la Isla. Que bastaría saber equilibrarlos unos con otros, e ingeniárselas luego para mantener en el tiempo ese equilibrio, *vacilante*, para que las innúmeras fuerzas de atracción, o de repulsión, que gravitaban sobre la Isla, se compensasen sobre ella unas a las otras, de modo que sobre su espacio físico los isleños alcanzáramos el más alto grado de independencia política real posible.

---

[23] A propósito cito aquí lo escrito en *José Martí, cónsul argentino en Nueva York (1890-1891). Análisis Contextual* (Centro de Estudios Martianos, 2018), por Rodolfo Sarracino, investigador Titular en la Edición Crítica de las obras Completas de José Martí: "... (Martí) estaba plenamente convencido de que la *guerra necesaria* no se decidiría solo en los campos de batalla, sino, casi en pareja medida, también en la esfera de las relaciones políticas internacionales y sus complejas interacciones".

Además, comprendió que al interior de la Revolución está actividad diplomática, imprescindible para evitar que la guerra recaiga en la eterna de desgaste, serviría a su vez para equilibrar el poder de los militares; de aquellos a quienes nosotros hemos llamado aquí caudillos regionalistas. En su propuesta los hombres del gobierno civil, los diplomáticos, los hombres de letras, en definitiva los "hijos cultos" del país, de "inteligencia madura y suspicaz", encuentran un campo de acción, una responsabilidad que los iguala, y hasta los hace más necesarios que los "hombres viriles" de la guerra.

Lo legalista por lo tanto deja de ser traba, para convertirse en arma comparable al machete.

Y es que no podemos dejar de insistir una y otra vez que para Martí la guerra contra España es, en todo caso, un recurso secundario. Incluso cabe decirse que una especie de protesta armada, en que es cierto, con la sorpresa inicial se desea obtener el mayor control posible sobre la Isla, pero más que nada para provocar de este modo el apoyo internacional a una causa tan eficaz. Sobre todo, el apoyo de los gobiernos latinoamericanos y de la opinión pública americana, de modo que a España le resulte muy costoso, más que nada en términos de imagen internacional, el movilizar por completo su maquinaria de guerra. Para así (y aquí solo cabe especular) crear las condiciones para la derrota de un ejército colonial nunca tan formidable como el enfrentado en la Guerra Grande, o provocar una revolución política en España que trajera un nuevo gobierno dispuesto a transar con Cuba su independencia.

No debe dejarse de lado que Martí alberga esperanzas en la naturaleza antimonárquica de las fuerzas terrestres españolas, las cuales explicita en esta idea del *Manifiesto de Montecristi*: "¿Qué enemigos españoles tendrá verdaderamente la revolución? ¿Será el ejército, republicano en mucha parte, que ha aprendido a respetar nuestro valor, como nosotros respetamos el suyo, y más sienten impulsos a veces de unírsenos que de combatirnos?"

No obstante, si para Martí la guerra no resulta lo determinante en sí para el logro de la independencia, sí lo es para la definitiva conformación nacional cubana, y para el establecimiento en las masas del país de la cultura política que nos permita vivir bajo un régimen democrático. La Cuba "con todos y para el bien de todos" se crea ya en la Guerra, no después de alcanzar la independencia. En el sacrificio común y en la convivencia horizontal de los campamentos republicanos (no debe obviarse nunca el importantísimo papel, como trasvasadores de valores y conocimientos, que para Martí desempeñarían los emigrados en esa convivencia horizontal). Como escribe en el *Manifiesto...*: "en la conquista de la libertad se adquieren mejor que en el abyecto abatimiento las virtudes necesarias para mantenerla."

A diferencia de los caudillos regionalistas, o de autonomistas, integristas y anexionistas, él no cree que la incultura política del cubano (y en general de cualquier pueblo) sea tan persistente, tan endémica, que en determinadas circunstancias no pueda superársela. Comprende, a contrapelo de los caudillos, que no han sido el encuadramiento militar, la disciplina y las jerarquías castrenses, o aun el predicamento mitológico-caudillista que entre las masas más desfavorecidas ha dejado esta, las causas últimas de la integración nacional que se nota de manera evidente tras la Guerra Grande, y cuyo espíritu ha inundado a todos los sectores no combatientes durante la Tregua, según él mismo, Fecunda. Para Martí ha sido la vida igualitaria, horizontal, en los campamentos mambises, el detonante de este fenómeno que se ha extendido a la paz: Es en "...la guerra emancipadora y el trabajo donde unidos se gradúan" (*Manifiesto...*) los cubanos que han olvidado el odio en que pudo dividirlos la esclavitud.

Es en base a esta comprensión que Martí sostiene que la sociedad más eficaz en el camino de la integración es la más igualitaria y participativa, no la militaresca, de cruzada contra *el afuera*. Por ello, al valorar el resultado de la Guerra Grande, y los avances de la Tregua, comprende que no es tan utópico soñar con una República Cubana independiente, democrática y virtuosa. El Ideal al que todos sus trabajos, y todas sus reflexiones se dirigen.

Para Martí la organización política horizontal de la guerra, republicano-democrática, es la justa, aquella en cuya procura solo se justifica el lanzar al pueblo cubano a los horrores de un conflicto bélico. Pero también, como hemos visto más arriba, la más conveniente para conservar la independencia de Cuba a las puertas de los EE.UU. Ya que es esa la única forma política que garantiza, mientras los EE.UU. mismos no la abandonen de manera manifiesta por las autoritarias-imperiales, la independencia de la Isla.

Esta es en sí la Idea martiana. La que conducirá a la Nación Cubana a la Guerra de Independencia, pero que no conseguirá concretarse al término de esta… ni aun hoy.

Las dos tradiciones modernizadoras de la Cubanidad

En *On becoming Cubans*, Louis A Pérez Jr. parte de analizar el proceso por el cual nuestros ancestros adoptaron el mercado, el consumismo americano, los valores del trabajo duro, como formas de vida con que buscar distinguirse de lo español.

Es a partir de aquí que explica la Revolución de 1959, más que nada como un efecto de las incongruencias que a la larga arrastraba esa adopción de lo americano cual nuestro paradigma de modernidad: Cuba, una diminuta economía, a la cual la evolución de la agricultura europea continental hacia un modelo de subsidio estatal terminaría por atar fuertemente a la ingente de los EE.UU. como su suministradora de un único producto semielaborado, el azúcar crudo, nunca podría llegar a los niveles de consumo de estos; por más que se sometiera a las leyes del mercado y sus habitantes a las rutinas y rigores del trabajo duro. Esta incongruencia acabaría por elevar la insatisfacción individual hasta niveles de ingobernabilidad nacional.

Correcta hasta aquí, a la historia de LAPJ le falta algo, sin embargo. Aunque frecuentemente refiere que nuestra idea de lo moderno no solo procede de raíces americanas, sin embargo estas declaraciones encuentran poco desarrollo en el cuerpo de ideas que constituyen su obra. Una carencia de trascendental importancia si recordamos que el objetivo del autor es precisamente explicar la Revolución de 1959 a partir de los tratos de los cubanos con la idea de la modernidad.

Un hecho tan inusitado como la explosión nacionalista cubana del cambio de década de los cincuenta a los sesenta no se explica solo a partir de las incongruencias del modelo foráneo de desarrollo adoptado. La insatisfacción individual del que no consigue consumir lo que la propaganda le enseña es lo conveniente, si es que quiere ser alguien en ese modelo consumista, en la generalidad de los casos solo lleva al surgimiento de subculturas marginales del barrio, del gueto, y en el más organizado de los casos de revueltas a olas de saqueos, rara vez a explosiones nacionalistas. No nos engañemos, incongruencias con modelos foráneos adoptados han ocurrido siempre en todas partes, pero rara vez han llegado a dar lugar a esa tendencia muy cubana a la quijotada de que una nación minúscula desafíe a un superpoder global, lo cual no solo ocurrirá en 1959, sino también algo antes, en 1933.

Un hecho así solo puede explicarse en la existencia anterior al modelo americano de modernidad de una o de varias poderosas tradiciones nacionales, sobre todo de alguna tradición modernizadora, que siempre haya ejercido una eficiente resistencia a la influencia americana. En este sentido, es necesario aclarar que contrario a lo que suele afirmarse por la historiografía oficial interesada en ningunear a las élites habaneras de fines del siglo XVIII y principios del *diecinueve*, lo esencial cubano no se forma en el periodo que Martí llama de Tregua Fecunda, cuando aprendimos a jugar a la pelota según LAPJ. El impulso de la cubanidad nace al menos dos generaciones antes.

Es cierto que en Cuba, en la segunda mitad del *diecinueve*, en un proceso auto impuesto que nos llevó a preferir los frijoles negros a los garbanzos (sacrificada elección), determinados estratos de la sociedad cubana adoptaron los valores americanos de trabajo duro, del mercado y el consumismo, como los valores imprescindibles que le faltaban a nuestra nacionalidad para distinguirse de la española. Pero de ahí a plantear como LAPJ que esos valores fueron adoptados por lo más significativo de la sociedad, existe un gran trecho, que repetimos, el autor no logra superar con sus abundantes pero sospechosas citas (se nota cierta manipulación en ellas).

Dejémoslo claro: La idea de la modernidad cubana ante la supuesta medievalidad de España no nace, sin embargo, de nuestros contactos con los EE.UU. Esta idea es en todo caso el resultado de la actividad y relaciones de la élite habanera en las postrimerías del siglo XVIII e inicios del *diecinueve*. En primer lugar, y por lo tanto paradójicamente, de las relaciones de esa élite con lo más avanzado de la monarquía de Carlos III. Fue a través de esas relaciones que en La Habana se introdujo el pensamiento ilustrado de origen francés, recalentado antes entre los allegados afrancesados de Carlos III. De hecho, es a consecuencia de las desagradables experiencias que ven sufrir a esos afrancesados, en parte, y de la experiencia de la propia élite habanera en las relaciones que mantiene con la España de sotana y pandereta, que procede la idea distinta de nuestros tatarabuelos sobre la Medievalidad incorregible de la Metrópoli.

Es la élite habanera quien mucho antes de que la influencia americana llegue a tener alguna importancia en Cuba ya ha obtenido dos importantes victorias modernizadoras: El libre comercio en la práctica, desde los 1790, y el derecho a quemar en los fogones de sus ingenios los valiosísimos bosques de la Isla. Esto último a través de una serie de victorias parciales sobre nada menos que la poderosísima Real Armada, en los tiempos en que ella era todavía el principal cuidado del Imperio.

Libre comercio y derecho a hacer desaparecer ese baluarte de lo oscuro, lo mágico, lo atrasado: el bosque, donde los niños y hasta los hombres solían desaparecer de manera misteriosa, donde moran los espíritus de los muertos para los africanos, o donde se agazapan los negros y los indios apalencados, para los blancos. Dos signos de la Modernidad ilustrada, muy anteriores a los tiempos en que a los cubanitos les diera por irse a estudiar a los EE.UU.

He aquí, en esa clase que pronto lucha por ilustrarse, que no tarda en viajar, a EE.UU., es cierto, pero más que nada a España, a Francia, a Inglaterra, a Italia (la Italia de las luchas románticas por la Libertad y la Unidad nacional)... la primera clase cubana que conscientemente se ve distinta de lo español, y que sobre todo se siente moderna.

Si LAPJ hubiese leído lo escrito por los principales intelectuales y líderes de opinión de esa élite habanera habría comprobado que aunque no tienen el mismo criterio deplorable de Norteamérica que de Suramérica, su visión de ella es la de una nación de zafios y patanes. No olvidemos que hablamos de unos EE.UU. en los que los participantes a la fiesta de ascensión presidencial de Andrew Jackson se comportaron de una manera que avergonzaría a muchos negros nuestros en uno de sus días de Fiesta de Reyes.

Pero aún podemos decir más: la preservación posterior de este foco habanero de ilustración, dentro del Imperio Español, tuvo que ver con el pragmatismo que aquí se originó antes de llegar a tener contactos continuados con los EE.UU. en los noventa del *dieciocho*. Un pragmatismo que procedía de la muy práctica vida anterior en la Factoría, y con el que se embebió desde un principio nuestro sentido de lo moderno.

Porque fue ese pragmatismo el que le permitió a la élite habanera la suficiente flexibilidad mental para pactar con Carlos IV y Fernando VII, y así convertirse con sus capitales obtenidos del azúcar, el café, y de la quema de bosques y el tráfico humano, en el verdadero poder tras el trono absolutista imperial español (no en balde el único lugar del mundo donde Fernando VII conservó una estatua en un espacio público importante, hasta bien entrado el siglo XX, fue en la Habana, en la Plaza de Armas, de la que en un arranque de beatería nacionalista la quitó en 1950 Roig de Leuchsenring).

Es por tanto incuestionable que la idea de la modernidad liberal y pragmática nació en Cuba algo antes de que la influencia americana resultara todo lo significativa que después llegó a ser. No es por lo tanto una imposición ni un préstamo americano, sino un producto autóctono. Puede decirse más bien que el surgimiento de esa idea en ambos países sigue procesos paralelos, parecidos, en que el pragmatismo que luego coloreara al pensamiento ilustrado que llega de Europa se origina en las condiciones de vida de los años en que las colonias son solo sitios para la extracción de recursos. Condiciones de vida en que el europeo (no solo el africano) se descubre *aculturado* en las nuevas tierras, y en que al faltar el sustento de las tradiciones milenarias que lo amparaban en el Viejo Mundo debe echar mano necesariamente de su razón práctica para organizar su interacción con el nuevo medio natural.

Sin lugar a dudas la élite habanera es nuestro primer estamento moderno, y el que originará ese principio y tradición centralísima de la cubanidad: el deseo de ser modernos, *de estar en la última*.

Es en nuestra relación con el despotismo ilustrado de Carlos III, y la tendencia pragmática que nos dejó la Factoría, donde deben de buscarse los inicios y primeros pasos de la Modernidad en Cuba. Tendencia que coloreará ese modernismo cubano, hasta el punto de situar a una tradición modernista plenamente cubana, de orígenes y esencias no americanas, en constante contraste con los EE.UU., y con aquella otra tradición que admitimos sí nace del proceso descrito por LAPJ (en la cual Martí es figura clave, por cierto, aunque LAPJ no se atreve a admitirlo).

En fin, la Revolución de 1959 se explica, es cierto, en las incongruencias que arrastraba a la larga la adopción de lo americano como nuestro paradigma de modernidad, pero también en que esa adopción nunca fue más que parcial y en gran medida superficial, debido a que esa idea de modernidad venía a superponerse a una más antigua, y de más arraigo en consecuencia. Sobre todo a que la nueva idea de modernidad estaba irreductiblemente ligada a una poderosísima nación vecina con la que la primera tradición modernista cubana nunca ha logrado estar a bien: Cuestión de sobrevivencia, se entiende, y todos sabemos lo aficionadas a la perennidad que suelen resultar las tradiciones.

El mito de la ancestral laboriosidad del cubano

"Los cubanos somos dominicanos con megalomanía."

Cuba ha echado su suerte desde 1793 al azúcar, y si bien esa elección en un inicio lleva a la Isla a convertirse en uno de los lugares más prósperos del planeta, para mediados del siglo XIX la hace entrar en un callejón que solo promete angostarse con el paso del tiempo.

No es tanto que la Cuba geográfica posea escasos recursos naturales, ya que otras naciones con aun muchos menos habrán de lograr consolidar su desarrollo desde entonces. El asunto está en que con el azúcar, y también con el café, en Cuba se habrá de acentuar la ancestral mala opinión social del trabajo duro, físico, o intelectual.

Es esta una tradición, la de rechazo a admitir el trabajo duro como algo digno de aplauso social, que nos venía de la España Imperial de los siglos XVI y XVII. En donde se despreciaba como de gentes de la más baja calaña a cualquier oficio que no tuviera que ver con la espada, la pluma o la oración. Librarse de la afrenta del trabajo duro, de la obligación de tener que ganarse el pan con las manos y el sudor de la frente, es sin duda la aspiración máxima de aquella mayoría de plebeyos que se hicieron a la mar, en condiciones precarias de navegación, para mejorar en el Nuevo Mundo sus condiciones de vida y las de sus hijos.

Aspiración en todo caso realizable en el paraíso tropical que era la Isla de Cuba, donde se podía vivir a la intemperie bajo el dosel del arbolado interminable[24], y en general no hacía falta ocuparse de sostener la vida humana mediante el trabajo para conseguir gozar de los placeres más elementales (siempre los más apetecibles), ya que todo *se daba en las matas* y no había más que estirar el brazo para agarrarlo.

Pero realizable también gracias a que aquí, desde la misma conquista, siempre hubo abundancia de algún contingente humano esclavizado que se ocupara de lo poco que hubiera menester: En lo fundamental, tras el agotamiento del oro en los lavaderos y durante más de doscientos años, irse al campo y quitarle el cuero a las vacas, o recoger la miel de las abejas cimarronas. Los más duros trabajos de los que en esencia se vive en esta Isla entre 1530 y 1700, que lo demás, *cosa de blancos*, era la aventura de irse de contrabando, a tenderle celadas matreras a ingenuos corsarios gabachos, o a asaltar por sorpresa, desde largas piraguas, a los buques ingleses que se atrevían a pasar por los alrededores de las costas de esta Somalia de las postrimerías del *diecisiete* y principios del *dieciocho*.

El azúcar y el café acentuarán esa ancestral tendencia a mal mirar el trabajo manual. *Productos coloniales* producidos mediante la explotación del trabajo esclavo de millón y medio de africanos, de los cuales en muchos casos no quedan trazas genéticas hoy día, porque en un considerable porciento no alcanzaron a reproducirse debido al desequilibrio abismal entre mujeres y hombres que tuvo esta inmigración forzada, o porque no duraron lo suficiente en medio de las brutales condiciones de trabajo a que se los sometió por los blancos. Producciones que reafirmaran al trabajo manual cual asunto de gentes de la más baja entidad: ahora como cosa *de negros*.

---

[24] Durante la Pequeña Edad de Hielo, en un tiempo en que la superficie boscosa en el archipiélago cubano fluctúa, según los estudios, entre un 60 y un 95%, el clima nuestro era aún más benigno de lo que hemos conocido cualquiera de las generaciones que al presente vivimos.

Sin dejar de tener en cuenta tampoco que la ardua labor administrativa y técnica de las fincas cafetaleras y las haciendas azucareras es dejada desde el mismo principio del boom plantacionista en manos de extranjeros, sobre todo de franceses de *Saint Domingue*.

Todo esto crea precedentes que explican nuestro inveterado atraso, más que en la mala fe de otros, en tendencias propias a nosotros mismos: La visión del trabajo duro como *cosa de los otros*, pero sobre todo como cosa *de negros*, quienes no solo se habrían de ocupar de las labores agrícolas en la plantación, sino también de faenas como las de la albañilería, la muy importante carpintería naval, la herrería o la ebanistería… o en todo caso de guajiros, que por otra parte, como nos señalara la Condesa de Merlín, trabajaban si acaso la mañana del martes, del miércoles y del jueves, que no siempre, y lo demás lo dedicaban a holgazanear, a jugar a la ruleta o al monte, a reñir gallos, a tocar guitarra, a jugar…, a secuestrar guajiritas, a jugar…, a agarrarse a machetazos, o a perseguir negros cimarrones, como parte de alguna de las abundantísimas partidas de rancheadores, a las que se integraban con incuestionable deleite en lo que era su deporte favorito: La caza del negro fugado[25].

---

[25] Arrancar orejas al contrario caído, y exhibirlas como trofeos de guerra, fue algo muy habitual entre los guajiros cubanos que se integraron a uno y otro bando durante los primeros años de la Guerra Grande. Esta práctica no era más que la continuación de una semejante, que ejecutaba el rancheador al "agarrar" al negro cimarrón, y por lo tanto su frecuencia durante la guerra demuestra a su vez lo generalizada que estaba la costumbre entre nuestro campesinado en los años previos al 68.

En *Contrapunteo cubano del Tabaco y del Azúcar* Fernando Ortiz señala esta nefasta influencia de los productos coloniales en nuestro devenir histórico. Porque a diferencia del tabaco, con su necesidad de labores duras y continuadas a manos de un trabajador libre, la increíble riqueza fomentada gracias al azúcar y el café no fue a la larga más que una desgracia, que retroalimentó nuestra ancestral visión despectiva del trabajo duro. Al tiempo que, con la tradición del azúcar y el café, basada necesariamente en la gran propiedad terrateniente, se puso punto final definitivo a la tradición de la pequeña propiedad agrícola que implicaba el tabaco. Tan prometedora en los principios del siglo XVIII, antes de ser puesta a vegetar por las medidas monopolizadoras del gobierno español (El Estanco).

De haber triunfado el tabaco, Cuba ciertamente podría haber causado a resultas del tabaquismo un número mayor de muertes a nivel global. Pero en tal caso la cubana habría terminado convertida en una sociedad asentada sobre una mejor distribución de la tierra, y sobre todo con una mayor estima por el trabajo duro. Y lo que es más importante: esa mayor estima se habría debido a una tradición nacida dentro de la propia Cubanidad.

Porque el cada vez mayor respeto por el trabajo duro que se observa en Cuba desde el último cuarto del siglo XIX, y sobre todo en la primera mitad del XX, al menos hasta el triunfo de la última Revolución, no tuvo un origen endógeno a nuestra sociedad. Esta mejora del estatus del trabajo duro dentro de los imaginarios nacionales se debió más bien a una influencia externa controvertida, que de por sí tiende también a complejizar ese mismo lugar y valor del trabajo duro en el ideario nacional.

Es el resultado de la influencia de nuestros más cercanos vecinos por el Norte: los Estados Unidos de América.

Independientemente de la abolición definitiva de la esclavitud, con el simultaneo fin de su efecto nefasto sobre la percepción social del trabajo, y de que en la segunda mitad del *diecinueve* Cuba asista a una ola de inmigración española, la cual al dirigirse no solo hacia la administración, sino también hacia la actividad minera y las labores industriales azucareras, habrá de contribuir a dotar a dichas ocupaciones de algún prestigio social, lo incuestionable es que la influencia americana fue el factor decisivo que entre nosotros contribuyó a mejorar la percepción general del trabajo duro.

El asunto está en que hacía mediados del *diecinueve* los cubanos se han convencido, y más que nada han sido convencidos por España, de la necesidad de ser diferentes de los españoles. No obstante, como todavía la nacionalidad en ciernes no ha logrado diferenciarse totalmente por sí misma, gracias a un proceso intrínseco de desarrollo, los criollos se verán obligados a hacerse, de manera consciente y premeditada, con valores ajenos que completen ese ser diferente del español que poco a poco se ha creado en la Isla por voluntad cubana y tozudez ibérica: ¿Y dónde mejor buscarlos que en los EE.UU., tan cercanos, *prósperos*, *sostenibles*, y en donde el experimento independentista no ha terminado en un estado fallido como esos que son la regla sin excepciones al sur del Río Bravo? Estados "nacionales" solo eficientes en la producción de una degollina tras otra.

Por otra parte la selección de *lo americano* para tomar de allí lo que faltaba en el proceso, responde también a la comprensión, por los amplísimos intereses cubanos creados alrededor del azúcar (no reducibles solo a los de los hacendados), de que al en Europa extenderse la subvención estatal al azúcar de remolacha solo le va quedando a la en otros tiempos *azucarera del mundo* el mercado norteño, al que por necesidad hay que aproximarse y favorecer en lo posible, cosa por demás imposible dentro del orgulloso estado español.

Mas por sobre todo responde al apasionado enamoramiento de ciertos sectores cubanos medios con los valores americanos de confort, familia y trabajo duro. Los cuales valores de seguirse ya no solo les garantizarán diferenciarse de los *medievales*, *morunos* españoles, sino que los colocarán nada menos que en la cúspide de la escala global de las naciones de la época, a la par con los americanos. O sea, una solución a la disonancia auto-identificatoria que provocaba en ellos el contraste entre la riqueza en que han visto vivir a sus padres, la posición central dentro del Imperio Español que disfrutaban en 1810 sus abuelos, y su estado de subordinación política presente a lo que solo 40 años después ha venido a terminar en una potencia europea de tercer orden.

En una visión un tanto simplificada del asunto puede decirse que es la aceptación por los cubanos de la idea americana de identificar al estatus con la capacidad de consumo la que origina ese revolucionario cambio de percepción del trabajo duro. Y es que al consumo, al menos en la nueva situación mundial posterior a la Revolución Industrial, no se lo puede mantener mediante las ancestrales maneras cubanas, que incluyen de modo central el identificar a quien vive del trabajo duro como miembro de la más baja clase social. En los nuevos tiempos al consumo compulsivo solo se lo puede mantener mediante la metódica aplicación a labores rutinarias con un sentido absolutamente reglado del tiempo de vida[26]: al trabajo duro, en fin.

---

[26] Es por estos mismos años que el mundo se divide en Usos Horarios bien delimitados, debido a la necesidad que el ferrocarril impone de que el horario de los trenes coincida entre una localidad y otra. Ya que antes de esta delimitación en La Habana se tenía una hora propia, que con respecto a Matanzas, o cualquier pueblo intermedio, podía estar corrida varios

No es, no obstante, explícitamente el consumo lo que los cubanos independentistas, o anexionistas, que nunca andan muy lejos los unos de los otros[27], tomaran para demostrar su diferencia de los holgazanes españoles, quienes en el imaginario cubano siempre viven como *los gitanos*, sin confort y sin consumir, *de la mano de Dios*, sino su supuesta mayor inteligencia, o cultura, y sobre todo su aun más supuesta mayor disposición para el trabajo duro que los peninsulares. Lo que, por cierto, habrá de demostrarse toda una fantasía cuando ya con Cuba independiente y republicana, al menos en las zonas menos influidas por la relación directa con los EE.UU. (Camagüey y Oriente), los empresarios americanos que fomentan ferrocarriles y minas prefieran siempre al esforzado y frugal jornalero peninsular que al díscolo, y admitámoslo, muy poco trabajador cubano ancestral, no pervertido por los contactos con el Norte.

Dejemos algo claro en lo dicho hasta ahora: En Cuba muy rara vez puede encontrarse ese amor por el trabajo mismo, como forma de auto justificarse la existencia personal, central en la visión protestante. En la cual mediante el trabajo el hombre termina, para mayor gloria de aquel, la obra iniciada por Dios. El cubano nunca ha limpiado un campo porque de esa manera transforme a la naturaleza, a la manera en que los protestantes iniciales creen que Dios desea que hagan aquellos que han sido

---

minutos, en una u otra dirección temporal, lo que hacía casi imposible establecer horarios de salida y llegada para todas las estaciones, y por tanto que se pudiera planificar la actividad individual con el grado de exactitud que demanda la vida moderna.

[27] No en balde Martí es pródigo en críticas y dicterios contra los autonomistas, pero parco, muy parco, en ataques a los anexionistas cubanos. De hecho, en sus escritos, y con mucha imaginación para ver lo que él solo sugiere, solo podrían encontrarse media docena de tales críticas.

hechos a su imagen y semejanza. El cubano no trabaja por compulsión intrínseca, sino porque ha decidido ser moderno, como los americanos, o sea, **consumir como ellos;** lo que no se puede satisfacer a menos que se trabaje también como ellos, al menos en las formas más externas (que siempre que se pueda se suple al trabajo duro con *el invento*).

Esta influencia americana benéfica actuará a través de dos vías: una espontánea relacionada con la influencia que genera el trato personal de los cubanos con la civilización americana, y otra calculada, que con Martí llegará a convertirse en una especie de programa político-social, para más que sacar adelante las virtudes modernas de los cubanos, crearlas, o más bien trasplantarlas.

Es en primer término la relación personal y continuada con *lo americano* la que comunica a un gran número de cubanos la admiración y el gusto por los valores americanos: en un inicio la de los cubanos jóvenes que procedentes de las clases altas y medias se van a estudiar a los EE.UU., ya desde las primeras décadas del *diecinueve*; después la de los muchos del mismo origen social que emigran por razones políticas entre 1848 y 1856, y sobre todo entre 1868 y 1874; y por último la de las varias decenas de miles de obreros de las tabaquerías habaneras, a quienes el proteccionismo español y las crisis económicas lanzan en grandes cantidades a Nueva York o a Tampa, a finales de los 1880.

En cuanto a lo no espontáneo, sobran ejemplos del intencionado intento de los creadores de opinión en Cuba de hacer que los cubanos adoptemos los valores americanos. En el caso de José Martí, tenemos todo un documento en que explicita esa intención: su programa político de la Guerra Necesaria, *El Manifiesto de Montecristi*.

Para Martí es en la convivencia horizontal de los campamentos mambises en donde los emigrados desempeñarían el importantísimo papel de trasvasadores de los valores y conocimientos necesarios para crear una nación moderna, capaz de sustentarse a sí misma en el trabajo duro y creador de sus componentes:

> … y en el crucero del mundo, al servicio de la guerra, y a la fundación de la nacionalidad le vienen a Cuba, **del trabajo creador y conservador en los pueblos más hábiles del orbe** (los EE.UU., por supuesto), y del propio esfuerzo en la persecución y miseria del país, los hijos lúcidos, magnates o siervos, que de la época primera de acomodo, ya vencida, entre los componentes heterogéneos de la nación cubana, **salieron a preparar** (en los EE.UU.), o-en la misma Isla continuaron preparando, con su propio perfeccionamiento, el de la nacionalidad a que concurren hoy con la firmeza de sus personas laboriosas, y el seguro de su educación republicana.

Para el Martí al que le faltan menos de dos meses de vida, en trance ya de marcharse a la *guerra necesaria* que él ha levantado, existe en Cuba una primera época "de acomodo", en que las cosas *se nos daban en las matas*, afortunadamente ya vencida gracias al ejemplo "del trabajo creador y conservador" de los pueblos "más hábiles del orbe", ejemplo que permite a su vez "la fundación de la nacionalidad", por sobre todo gracias a aquellos que "salieron a" prepararla en los dichos pueblos… aunque, y para eso esa oración adicionada a última hora con un guión, tampoco se debe desconocer a los que quedaron en la Isla. Que también a ellos en Cuba ha llegado ese ejemplo, muchas veces por vías indirectas; o en todo caso no conviene, por consideraciones políticas, dejarlos de lado, al declarar de manera tan abierta su íntima preferencia más que por los valores ancestrales cubanos que aún persisten de la época "de acomodo" por los que los elementos emigrados traerían de vuelta a la República en Armas, o a la ya independiente[28].

Y es que Martí no era tan poco consciente de la real naturaleza de la cubanidad, a la manera en que algunos pretenden lo era. Porque si bien es cierto que a diferencia de otros vivió poco en el país, él lo hizo sin embargo en lo más profundo suyo, en numerosos barrios habaneros donde la cantidad de virtud no sobrepasaba nunca a la de vicio. Martí, ganado por la idea de convertir a Cuba en un país moderno situado en el pelotón de avanzada compuesto por las naciones que guiaban el progreso, sabía muy bien lo mucho que faltaba. Pero en Tampa y Cayo Hueso comprobó cómo, a pesar de las tendencias nada virtuosas[29] de la Cubanidad, los cubanos eran capaces de superarlas y adoptar los valores necesarios para cumplir con su sueño nacional. En consecuencia se propuso estimular esa influencia americana.

Destaquemos que con este aspecto del programa martiano: el promover el trasplante de ciertos valores americanos a la Cubanidad, la República cumplió aceptablemente. La idea del trabajo duro, como necesidad imprescindible para alcanzar el estatus de moderno y así igualarnos al pueblo que para nosotros más lo era, se extendió durante el periodo republicano a un significativo por ciento de la población, y no dejó a un solo individuo a quien no afectase en alguna medida, negativa o positivamente. De hecho existen testimonios desde fines de los cuarentas de que en la sociedad cubana, al menos en parte de su clase media y en sus principales ciudades, había comenzado a ocurrir una transformación hacia un tipo de cubanidad algo

---

[28] Sí, camarada de una de esas tantas asociaciones de estudios de su obra que no resultan más que botellas para alimentar a los tracatanes y bichos bajo el castrismo: Martí era un *miamero*, pero claro, no lo puede usted admitir porque entonces se queda sin su principal fuente de ingresos.

[29] Hablamos de virtudes modernas. No de las medioevales.

más racional y fría, más "protestante" incluso, tanto que no pocos periodistas llegaron a registrar ese cambio de aires nacionales, al que también se refiere Mañach, cuando por esta época retomó su clásico estudio de los años veinte sobre *el Choteo*.

No obstante el proceso no llega nunca a completarse, ya que en enero de 1959 se hace con el poder lo que en este aspecto particular podría considerarse una reacción contrarrevolucionaria de las tradiciones y sectores que no están a bien con dicha evolución, martiana.

Llega al poder una poderosa alianza entre la tradición nacionalista de cruzada de liberación nacional, aquella que nace en la confluencia entre la creencia de los caudillos regionalistas de las guerras de independencia de que basta para alcanzar la independencia con oponerse, desde su rinconcito bucólico, a cualquier influencia externa, ya no solo la española, con los amplios sectores segregados del modelo de desarrollo republicano, que no son por cierto minoritarios.

Es significativo, en este sentido, el rápido apoyo que los negros cubanos (una de esas minorías segregadas) le brindan a la Revolución del 59 en el poder, cuando, dígase lo que se diga, nunca se lo brindaron más que en casos muy individuales antes del 1 de enero[30]. Un rápido apoyo que está en relación directa con su anterior segregación del modelo republicano.

Pero sobre todo debe destacarse el apoyo del *pequeño blanco* cubano, del guajiro. En especial del que habita en las zonas de nueva colonización de las sierras orientales, en que la

---

[30] Solo hay que mirar las fotos de los asaltantes al Moncada, o de los expedicionarios del Granma, para darse cuenta de inmediato de la subrepresentación del negro. Lo que también es válido si se tiene en cuenta, para el caso del ejército rebelde, de la muy cubana categoría del "blanco oriental".

precariedad legal de la pequeña propiedad es total. Formaran ellos el núcleo del ejército revolucionario sobre el que después se erigirá el poder revolucionario[31], y así dotarán a la Revolución de ese carácter que la asemeja tanto a aquellos movimientos de montañeses, de pueblos excéntricos, que en el Irán hasta el otro día aún bajaban de cuando en cuando de sus montañas, o salían desde sus pantanos o selvas, para conquistar el centro civilizado e imponer sus valores retrógrados[32].

La Revolución, por tanto, navega sobre dos resentimientos que indefectiblemente la enfrentan a los adoptados valores americanos del trabajo duro: El de la tradición nacionalista revolucionariezca, que no está nunca a bien con la *americanización* que implica aceptar tal sistema de valores, y el de la mayoría que durante la República nunca consiguió realizar el sueño de la ecuación completa: o sea, tener un trabajo estable y bien pagado para consumir, en la medida sancionada por la opinión y la propaganda comercial, lo necesario para sentirse persona.

Ante esto la respuesta será imponer un nuevo sistema de valores, basados en el trabajo duro, pero en provecho ya no del individuo, sino de la colectividad. O sea, más o menos la nueva ecuación, revolucionaria, es esta: Trabajo duro, pero no para

---

[31] Hay una frase de Fidel, muy repetida en nuestros medios, en que declara abiertamente que "el Ejército Rebelde fue el alma de la Revolución".

[32] En no poca medida los pueblos antiguos del Medio Oriente nunca lograron avanzar debido a hallarse abiertos por la geografía a estas constantes invasiones de bárbaros, que obligaban una y otra vez a recomenzar la ruta del desarrollo. Sobre todo al recrear con su venida la tradición autoritaria y matar una y otra vez las tendencias democratizadoras. Pocos comprenden la importancia que para Occidente tuvo la geografía montuosa y rodeada de mares difíciles que acunó a la Grecia Clásica.

elevar el consumo del individuo y con ello su estatus de moderno, sino para dotar de más recursos a la nación y así en primer lugar elevarla a ella, no al individuo, a la categoría de moderna. En la práctica dejar mayor cantidad de recursos en manos del Caudillo Nacional (Fidel Castro, claro), para la implementación de una cruzada en que Cuba intenta salvar con sus nuevos valores a toda la América Latina, o sea, enfrentar con sus flamantes *valores* a los EE.UU. en toda el área Latinoamericana y del Caribe... aunque pronto también a todo Occidente en el África.

Esta nueva versión falla por varios factores. Sobre todo porque poco tienden a durar las cruzadas, mucho más en los individualistas y consumistas tiempos modernos.

Las cruzadas requieren del individuo un enorme esfuerzo de concentración nerviosa en grandes fines trascendentes, supra-cotidianos. Para el cruzado de filas, a diferencia de los Jefes de la misma, la satisfacción material o en la forma de incremento tangible de estatus que tal esfuerzo le deja es siempre incomparablemente menor que el esfuerzo empleado, por lo que más temprano que tarde terminará por adoptar la cruzada desde lo más aparencial. Desde el aparato de una exterioridad rutinaria, mientras en la vida concreta los valores ancestrales cotidianistas se refuerzan como los verdaderos guías profundos de la conducta.

Téngase en cuenta además que la nueva ecuación revolucionaria implicaba una comunitarización de los esfuerzos del trabajo duro alrededor del Estado. Mas en Cuba no había tradición de socialización del esfuerzo, y por otra parte el Estado desde siempre había sido visto como algo ajeno, molesto, frente al que solo cabía acatar sus decisiones, aunque sin cumplirlas, y por sobre todo, tratar de o entrar en sus estructuras para usar en provecho personal los muchos bienes controlados por él, o chantajearlo desde alguna agrupación momentánea, para obtener del mismo ciertas ventajas sectoriales.

Es así que el discurso del trabajo duro, revolucionario, en pro de dotar de bienes a la Nación y mejorar su estatus internacional, no provoca el que los valores del trabajo duro se extiendan a los sectores de la sociedad desfavorecidos por el modelo de desarrollo republicano. Por el contrario, extiende de nuevo más allá de esos sectores, en que lo ancestral permanecía bastante presente, enquistado, la idea de que todo se da en las ramas. Solo que ahora ya no en las de las ramas del paraíso tropical cubano, sino en las de un Estado Paternalista que para mantener este estado de cosas no duda en dilapidar primero las riquezas dejadas atrás por la República, y luego en sacar provecho de su *diferendo* con los EE.UU., al presentarse como el aliado ideal de todo aquel que en el mundo contemporáneo tuviera alguna cuenta pendiente con dicha Nación. A cambio, claro está, de que el tal socio asumiera sostener económicamente al país.

O sea, la Cuba Revolucionaria no fomenta el trabajo duro más que en el discurso inicial de su primera década homérica. En la realidad estimula un socialismo como el que ya hubiera propuesto aquel innegable hijo de la tierra cubana, Pablo Lafargue, en su *Derecho a la Pereza*. Obra que en cierto sentido puede ser asumida como el verdadero programa de la vida de pachanga constante, aunque igualitaria, *revolucionaria*, en que gracias a los masivos subsidios soviéticos se vive en esta Isla entre 1973 y 1989[33]. En que por otra parte se realiza y extiende a toda la sociedad el sueño de ciertos sectores de la

---

[33] En esos años idílicos la URSS llegó a comprarnos el azúcar a cinco veces su precio en el mercado mundial, a vendernos el petróleo hasta tres veces por debajo de su precio, y a regalarnos el mucho armamento que nos habría de convertir para 1987 en la segunda potencia militar del Hemisferio Occidental (casi 1500 tanques y 240 aviones de combate).

clase baja media republicana: Vivir de un empleo (botella) del estado.

No obstante, la URSS comienza a alejarse de Cuba en abril de 1989, para finalmente desaparecer de nuestra vista en 1992. Con lo cual el derecho a la pereza ya no volverá a ser sostenible, al no encontrar el estado revolucionario ni en chinos, ni en venezolanos, quienes pagaran con la misma liberalidad soviética por la existencia de un bastión antiamericano a solo 90 millas de las costas de aquel país.

El país entra irremediablemente en el periodo especial del que todavía no ha salido. En el cual la evolución de nuestros valores nacionales experimenta un más general retroceso. Hasta el punto de que ya no seríamos totalmente sinceros en nuestra airada respuesta a todo aquel que fuera capaz de llamar a Cuba *a shit country*.

Los Estados Unidos contra la Anexión

> "(Los EE.UU.) ayudarán a Cuba cuando Cuba se haya ayudado a sí misma. Esperar más que eso es una vaga ilusión."
> Francisco Vicente Aguilera.

A ciento veinte años de la Primera Intervención americana en la Isla se justifica aún volver al tema de la anexión y del anexionismo. Quizás más que nunca antes.

El válido deseo de conservar la riqueza creada, y la forma de vida sostenida sobre ella, llevaron a la sacaro-cafetalocracia cubana y al amasijo de clases y estamentos relacionados con la misma a buscar la anexión de Cuba a los EE.UU.

Era impensable arriesgar la riqueza, que consistía en lo fundamental en dotaciones de esclavos, en una guerra independentista. Un conflicto bélico en que todo el que tuviera dos ápices de sustancia gris sabía que España sí se iba a emplear a fondo, muy a diferencia de lo ocurrido en el primer cuarto del *diecinueve* en Sur, Centro América y Méjico. Por ello se prefirió buscar la anexión: tomar las armas solo como un gesto para atraer la inmediata ayuda americana[34], coaccionarla incluso, cabría decir.

Porque como demostró la historia misma, la guerra contra España llevada adelante solo con nuestros únicos esfuerzos y recursos significaba el fin de la riqueza de la Isla. Y había que separarse de España porque sin duda, dígase lo que se diga, la Metrópoli tampoco aseguraba esa riqueza ya no a largo, aun ni a mediano plazo.

---

[34] Desengañémonos, las "protestas armadas" para llamar la atención de Washington no principiaron en Cuba en agosto de 1906.

En primer lugar España no era un mercado de peso para el azúcar cubano, e incluso su consumo principal era de la versión más artesanal, el mascabado; en segundo, como potencia de muy segundo orden era incapaz de defender los intereses comerciales de nuestro azúcar de caña frente a los de la de remolacha, por entonces apoyada y subsidiada por toda Europa, o en un momento anterior de enfrentar con determinación a las presiones anti abolicionistas de la superpotencia global, Inglaterra; en tercero, por su propia estructura, mentalidad y prácticas económicas, se demostró incapaz de aportar los bancos y todos los mecanismos necesarios para la actividad financiera de una agro-industria como la azucarera (de aquí el origen de la *refacción*, un mecanismo primitivo mediante el cual se financiaba nuestro azúcar desde la bodega del catalán); en cuarto por su práctica de usar a las colonias como fuentes de recursos, más que como reales provincias del territorio nacional, de lo que dio buena cuenta su irreflexiva respuesta impositiva a la Junta de Información de 1867, y sobre todo a la crisis financiera que por entonces pesaba sobre Madrid; y por último, por su tendencia a usar a las colonias como medio para mantener contentos a los capitales de la periferia ibérica, que en el mantenimiento de la unión nacional encontraban así la posibilidad de explotar los territorios de allende el océano.

En cuanto a esto último es conveniente señalar al paso el hecho histórico constatable de que el nacionalismo catalán radical no resurgiría hasta después del 98. Muy en contraste con las muestras de unionismo acérrimo que había dado Barcelona ante el alzamiento cubano de 1868. Recordemos que fue de Catalunya de donde llegaron los primeros contingentes significativos de soldados voluntarios en 1869, catalanes que en la Isla lucharían con férrea determinación por la Unidad Nacional; o más bien por mantener sujeta a la Cuba de dónde habían surgido, y todavía surgirían, muchos de los capitales que impulsaron el desarrollo capitalista de esa región española.

Había, en fin, que separarse de España, pero sin que el viento se llevara la riqueza y la forma de vida que había nacido con ella, a resultas ambas del experimento liberal habanero. ¿Y qué mejor solución para ello que anexarse a la Unión, como un estado más, igual en derechos a todos ellos? Esto aseguraba, al menos hasta 1865, conservar la riqueza (esclavos en lo fundamental) y una forma de vida muy semejante a la del Sur esclavista; *a posteriori* de esa fecha, el único mercado que le iba quedando al azúcar cubano en un mundo dominado cada vez más por la remolacha subsidiada europea, a la vez que permitía el acceso, directamente y sin traumas, a las libertades e infraestructura financiera que prometían los EE.UU. en contraposición a España, que sin duda en ambos aspectos estaba mucho más atrasada que nuestro vecino norteño.

En esencia es este interés conservador el que explica ese poderoso movimiento anexionista, que se explicita en las décadas del 40 y 50 del *diecinueve*, pero que sordamente se mantiene vivo después, hasta el mismo 1898, en el corazón del movimiento separatista (separarse, para después... ya veremos).

Porque no sigamos mintiéndonos a nosotros mismos a estas alturas, en que ya tenemos suficientes años de vida independiente como para estar en la obligación moral de mirar fríamente a nuestro pasado: Aunque no cabe llamar en sentido estricto militantes del anexionismo a la gran mayoría de los separatistas, lo cierto es que su demasiada, constante y principalísima preocupación por lo que en Washington pensaran o hicieran con respecto al conflicto entre Cuba y España, los convertía en tales.

Pero es más, el que ya durante la 1ª República, o mejor, durante el **Protectorado** (eso fue), los mismos que habían tomado las armas contra España en nombre de la Independencia se dieran con tal facilidad y sin muchos escrúpulos a las "protestas armadas", mediante las que evidentemente buscaban no el derrotar al contrario, sino irse al campo, "alzarse", para coaccionar así a los americanos a intervenir, a que viniesen con su política habitual de repartir los "dulces para todos"[35] que los cubanos teníamos, y tenemos, la fea costumbre de querer monopolizar para nuestro propio partido, nos deja muy claro que esta era una práctica, la de las protestas armadas, a la que se habían habituado ya desde las mismas Guerras de Independencia.

"Ojalateros", practicantes del "Ojalaterismo", esa forma atenuada de anexionismo que luego se convertiría durante el Protectorado en Plattismo: el buscar aprovecharse de la subordinación externa para hacer avanzar al interior de la política nacional los intereses propios, eran en su gran mayoría los que pelearon en nuestras Guerras de Independencia. Ojalateros, como llamaba Máximo Gómez a los muchos que en los campamentos mambises se mantenían repitiendo día y noche: "…ojalá que vengan los americanos, ojalá que acaben de intervenir, coño, ojala que Grant o McKinley manden a los marines…"

Gómez, alguien que, por cierto, no tardó en demostrar con su comportamiento durante ese año de 1898 que él también no era en el fondo otra cosa que un ojalatero más; y así se negó a aceptar la honorable invitación del Capitán General Ramón Blanco y Erenas a enfrentar en conjunto al invasor para defender a la Cuba autonómica, algo que seguramente sí habría aceptado un Antonio Maceo[36]; o luego le sirvió en bandeja de

---

[35] En propiedad, sino el inventor de esa política, por lo menos quien la llevó a su mayor refinamiento fue el gordo Charles Edward Magoon. Fue él quien comenzó a repartir la República durante II Intervención.

[36] No decimos aquí que Maceo fuese un santo; no creemos en los santos: si a alguien se puede acusar en el 95 de tener aspiraciones dictatoriales es precisamente a él. Pero lo real es que él hubiera comprendido, por las razones que fueran, que era preferible la Autonomía que concedió España

barro, y mal cocido, el licenciamiento del Ejército Libertador al gobierno interventor americano.

Pasar por alto el que uno de los primeros actos del recién constituido Gobierno de Cuba en Armas, en abril de 1869, fuera pedirle al Presidente de los EE.UU. la anexión, y que dicho acto viniera respaldado por la firma de la gran mayoría de los alzados, con la honrosa excepción, de entre las conocidas, de Eduardo Machado, es una muestra de ese insistente intento de nuestra historiografía por ocultar hechos, y desaparecer documentos, para así reescribir nuestra Historia en clave mítica.

Lo malo de este intento es que como a fin de cuentas esos discursos historiográficos míticos no han afectado en mucho, o casi en nada, las reales y subterráneas corrientes de desenvolvimiento histórico de la psicología, de la idiosincrasia nacional, pues no sirven, ni han servido para trazar políticas en base a las cuales sacar al país de sus atolladeros históricos.

En Cuba existe aun hoy una profunda corriente de ojalaterismo, no solo entre quienes se oponen al Canelato. Hay incluso uno inverso, pero que en definitiva funciona con las mismas desgraciadas consecuencias que el positivo, y que se puede descubrir sin mucho trabajo en la prensa, o en general en los medios controlados por el régimen actual, dizque nacionalista: Cualquiera que abra a menudo la prensa en Cuba, o siga los noticieros o espacios televisados de… "debate" (incluso entrecomillada nos resulta demasiado surrealista usar esta palabra para programas como la Mesa Redonda), se dará cuenta que estos tienen su mirada fijamente enfocada en los EE.UU., y solo en ellos.

---

a fines de 1897, que el Protectorado que sufrimos hasta el 9 de septiembre de 1933.

Y no es solo que todos nuestros problemas internos sean referidos a ese país, sino que en última instancia se parte de la idea de que mientras aquel no cambie, mientras no se lo lleve el Diablo, o cinco terroristas suicidas islámicos, o el gordito siniestro norcoreano, u ocurra una Revolución idéntica a la cubana (o sea, esto significa para cualquier ojalatero cubano de signo negativo el que se subordine por completo a su Revolución), los problemas de Cuba nunca se resolverán.

Así, el castrismo y ahora el Canelato, al remachar en la cabeza de los ciudadanos la errónea idea de que no podemos alentar sin estar más atentos a la vida de los americanos que a la de nosotros mismos, que la vida no es más que una cruzada por derrotarlos, o un eterno combate para esquivar sus "arteros" golpes, mientras por fin llega el porvenir luminoso que marcará el final del Capitalismo, no logra más que, a la larga o a la corta, hacer nacer en todas las cabezas la pregunta lógica de para qué enfrentarse a lo inevitable: A la anexión, como a la muerte, uno tiene que aceptarla…

Mas ante esta conclusión a la que nos ha conducido de modo irremediable el Castrismo, y ahora nos conduce el continuismo del Canelato, se impone volver a repasar críticamente nuestro pasado; ya no en clave mítica, sin embargo. Solo así terminaremos por comprender la infactibilidad del anexionismo.

Partamos de aceptar que algunos americanos han tenido toda la razón cuando afirmaban, o afirman, que nuestros ancestros del *diecinueve* querían que fueran ellos quienes les sacaran las castañas del fuego. Pero esto, por cierto, no justifica la que no se puede calificar más que de bribona actitud americana ante ese válido deseo cubano.

Es necesario entender que a cambio de impedir que la riqueza de la Isla fuera consumida en una devastadora guerra, más allá de nuestras posibilidades reales, los cubanos se disponían a poner en manos de la República del Destino Manifiesto la isla más rica del mundo. Aquella que algunos visitantes del medio siglo, entendidos en relaciones coloniales, se atrevían a señalar que por su riqueza parecía más la Metrópoli de España que viceversa; dónde más millonarios había en el mundo de la época con relación al número total de habitantes, y donde incluso los obreros negros de La Habana disfrutaban de un nivel de vida superior al de sus contemporáneos parisinos (lea, por favor, *Cecilia Valdés* y *Los Miserables*, luego diga si estamos o no en lo cierto) ... No pasemos tampoco por alto el que todavía en 1850, antes de la revolución del acero barato, el azúcar era el principal producto de intercambio comercial en el mundo de la época, producto que además contaba entre todos los demás de ese tiempo con el mayor valor agregado de las tecnologías estrellas del momento: la mecánica y la química.

Una Isla que ya desde la época de los profetas de la expansión y el futuro poder americano, allá por las postrimerías de Siglo de las Luces, cuando no era todavía más que un poco desarrollado presidio español dedicado por sobre todo a la ganadería extensiva y el cultivo del tabaco, se vaticinaba terminaría por orbitar de una u otra manera alrededor de la naciente Nación Americana. Una isla sobre la que Thomas Jefferson escribiera ya desde junio de 1823:

> La verdad es que la agregación de Cuba a nuestra Unión es exactamente lo que se necesita para hacer que nuestro poder, como nación, alcance el mayor grado de interés.

En esencia los americanos, en respuesta al interés cubano por la anexión, tuvieron dos períodos muy bien definidos en sus desplantes a los bobalicones amantes cubanos.

En el primero el principal obstáculo para aceptar la propuesta de anexarse a la Isla está en los problemas de equilibrio interno de la Unión. Ya que los estados del Norte no deseaban la anexión de un nuevo estado esclavista, que desbalancearía los equilibrios de poder a favor del Sur. Sin tampoco dejar de tener en cuenta la relativa debilidad de la Unión antes de 1860, que la hacía pensárselo muy bien antes de desafiar los poderes europeos que casi seguramente apoyarían a España en el caso cubano.

En el segundo periodo, entre 1865 y 1898, subsiste este último motivo, aunque con una importancia en declive inversamente proporcional al aumento de la población y el poderío económico de unos Estados Unidos en que, por demás, se ha vivido la experiencia de la guerra más devastadora al interior de Occidente entre 1815 y 1914.

Señalemos rápidamente y de pasada que la explicación en base al temor ante la posible actitud de Inglaterra, garante de España, resulta poco creíble ya a partir de 1866, o 1871, cuando el nacimiento del coloso Alemán desarticula toda Europa, y anuncia que a la hasta entonces única Superpotencia Global le ha surgido un desafío de respeto en su mismo vecindario (una medida de las aprensiones inglesas está en que allí haya florecido, a partir de la derrota de Francia en el 71, todo un género literario: la Novela de la Invasión, en que las islas británicas se convertían en la próxima víctima del Imperio Alemán). En general en el último cuarto de diecinueve el reino Unido enfrenta desafíos demasiado vastos a nivel global como para dedicar tiempo a una islita que con solo mirar en un mapamundi es evidente que resultaba una posesión natural americana.

Lo verdaderamente significativo en este periodo es la suspicacia yanqui[37] hacia las élites cubanas, a las que por demás tienden a identificar con sus pares de *Dixieland*. Los sureños estarán ahora derrotados y pobres, pero en lo profundo de los secretos políticos yanquis se teme si los cubanos no podrían venir a reforzarlos, tanto económica como espiritualmente.

---

[37] No usamos la palabra aquí en el sentido peyorativo habitual, lo cual se comprenderá plenamente al continuar la lectura.

Hay, no obstante, algo más esencial tras los desplantes en este periodo.

Hablamos de una élite, la cubana, que por otra parte es también muy semejante a aquella otra de "caballeros" latinos que ya *les américaines* habían encontrado en su avance hacia el oeste a través de Texas y otros territorios arrebatados a Méjico, y ante la cual el americano promedio siempre tuvo (y aún tiene) sus marcados complejos de inferioridad. Entendibles por demás en una Nación constituida enteramente por plebeyos que habían escapado de la aristocrática Europa. Una clase de caballeros latinos la habanera, pero cien veces más estructurada que sus semejantes tejanas o californianas, con una mentalidad liberal comparable a las de las élites neoyorkinas o bostonianas, y con una cultura y amplitud de miras muy superior al promedio de todas las élites de la Unión.

En este punto se necesita admitir un axioma sociológico: Si se observa, aun hoy los EE.UU. carecen de la capacidad para absorber sociedades enteras con un cierto nivel de estructuración y de cultura propia. Su actual enésimo repliegue interno, esta vez ante la Gran Reconquista Mejicana de lo perdido por esa nación a mediados del diecinueve, así lo demuestra. Como cualquier otra nación moderna los EE.UU. tienen una gran capacidad para absorber individuos o familias, parcialmente aculturados, pero no nuevas naciones. Resultaba por lo tanto sencillo anexarse la despoblada Texas con sus "caballeros" trogloditas, o la casi deshabitada California, territorios que no tardaron en inundarse de individuos europeos *aculturados*, pero el desafío de hacer lo mismo con La Habana, y en general con toda Cuba, excedía las capacidades de la *civilización americana*.

Era por tanto natural su actitud, en esta segunda etapa, ante una sociedad con una élite que nunca creyeron poder digerir en su sistema político-cultural.

Esta es la explicación principal de porqué los americanos prefirieron dejar que España desangrara a esa élite cubana, hasta casi hacerla desaparecer como poder económico, e incluso hasta en sentido demográfico -aunque nunca lograrían el objetivo primordial de hacerla desvanecer como tradición cultural y de pensamiento. En gran medida el resentimiento de esa tradición, ante esa actitud dolosa de "los yanquis", conduciría medio siglo después a la explosión de nacionalismo de finales de los cincuenta, y al castrismo, que supo manipular a la misma para imponer su Autoritarismo Paternalista (aunque el castrismo no solo se apoya sobre esa tradición, por cierto).

Y es en sí esa actitud marrullera americana de esperar a que se desangrara y descapitalizara la élite cubana, la que explica porque para 1898, cuando intervienen en una guerra que ya España no podía sostener[38], la anexión ha dejado de ser la solución de algo para los cubanos: La forma de vida, la riqueza

---

[38] España solo se mantenía en Cuba por el interés de quienes la gobernaban por entonces de permanecer en el poder, de no sacrificarse al admitir la derrota evidente. No mucho después de 1898 o 1899, de continuar la Guerra, ese gobierno, y hasta la monarquía misma, hubieran tenido que escoger entre el colapso económico-político-social o salir de Cuba. En el primer caso eso hubiera llevado a su necesaria caída, y a la posterior asunción de un nuevo gobierno, quizás de una República, cuya primera medida no habría podido ser otra que el reconocimiento de la independencia de la Isla, como una medida para rectificar los errores de sus antecesores y sacar al país del berenjenal en que la habían metido. En el segundo, también habría implicado su caída, pero por efecto del irrefrenable chovinismo hispano, que entonces los habría acusado de provocar la mayor humillación en la historia de la nación. De ello vino a salvarlos la Intervención americana, que convirtió la humillación de ser derrotados por unos mambises desarrapados, en la heroica caída en combate contra un contrario muy superior. Cabe decir que con respecto a España, la Intervención solo consiguió retrasar treinta años la caída de la Monarquía, y que con ello cambió profundamente la historia de ese país.

y hasta la clase misma que intentaba conservarlas se habían desvanecido entre el humo de los incendios de treinta años de guerras, las hambres del exilio, los combates, los excesos del cuerpo de voluntarios, los presidios africanos o los paredones de fusilamiento. Y dado ese caso, ¿para qué carajos se necesitaba ya a los americanos?

Cabe agregar por último que los americanos no solo hicieron imposible la anexión con su actitud dolosa, de esperar el momento oportuno para deshacerse de los dos contrincantes al mismo tiempo, y con el menor esfuerzo: la élite cubana y el estado colonial español.

Porque independientemente de que ya no hubiese razones para buscarla (se había alcanzado la independencia, **por propio esfuerzo**, con las consecuencias naturales predichas y que ello solo podía tener: la devastación del país), subsistía un movimiento anexionista que al menos por inercia hubiera mantenido esa bandera. Un partido anexionista que en medio de las divisiones del movimiento separatista-independentista habría podido imponer esa solución con relativa facilidad. Si hubiese contado, claro, con el apoyo de los mismos interventores.

El problema estuvo sin embargo en la manera en que los EE.UU. intervinieron, y sobre todo en la clara intención que demostraron desde un inicio de no aceptar a Cuba más que como una dependencia; tipo de lo que poco después fue y aún es Puerto Rico.

Esto fue el tiro de gracia definitivo al movimiento anexionista: Si hubo a partir de entonces tantos o más intereses que antes en pro del mantenimiento a toda costa de nuestras relaciones con el único mercado que, para nuestra azúcar, nos quedaba abierto en el Mundo, por otra parte el "embullo", el espíritu necesarios a todo movimiento político que aspire a realizarse, desaparecieron del anexionismo.

Esto es evidente en la obra cumbre del patriota cubano José Ignacio Rodríguez. Su monumental *Estudio histórico sobre el origen, desenvolvimiento y manifestaciones prácticas de la idea de la Anexión de la isla de Cuba a los Estados Unidos de América*, publicado en plena Primera Intervención, no es en sí un panfleto para llamar a los cubanos hacia esa opción, a la manera que piensan quienes de manera obtusa han impedido su posterior reedición, sino más bien una denuncia de la traición que a esa idea llevan adelante por entonces los hombres del partido republicano capitaneados por el presidente McKinley. Dice así en el prólogo de esta obra el discípulo de Luz:

> Por lo que hace a la isla de Cuba, preciso es reconocer que el movimiento anexionista, se encontró siempre ligado con las aspiraciones levantadas de patriotismo cubano. Nadie entre los hijos de Cuba quiso nunca, que su patria se agregase a los Estados Unidos de América, por solo el gusto de cambiar de amo, para que fuese gobernada militarmente, como colonia, o posesión habitada por gente de raza y civilización inferior, a la que hay que enseñar el arte de gobernarse, e indigna de ser dejada a sus propios destinos hasta que no llegue a lo que el Presidente McKinley ha llamado, y apenas puede traducirse al castellano, "el nivel de bien conocido respeto propio, y de unidad confiante en sí misma", que según él ponen a una comunidad ilustrada en aptitud para gobernarse sin tutores. Nadie creyó nunca, tampoco que la anexión de Cuba a los Estados Unidos de América podría jamás resultar, lo que le está resultando a Puerto Rico, a cuyos naturales se ha negado el carácter de ciudadanos de los Estados Unidos de América, sin más derechos que los que el Congreso federal, ha tenido o tenga a bien concederles. Los partidarios de la anexión creyeron siempre, y continúan creyendo, a pesar de todo, que por medio de aquella podría alcanzarse para su patria amada la mayor suma posible de dignidad, de libertad, y de grandeza material y moral...

Estudio histórico es en realidad un documento invaluable, que merece ser conocido por todos los cubanos cultos: Marca el instante en que el anexionismo cubano comprende de a lleno lo inviable de su propuesta, nada menos que por la reticencia de la otra parte, los EE.UU., a permitirla, o más bien por su incapacidad para llevarla adelante: por la ya referida incapacidad americana de absorber naciones formadas.

Porque en resumen, algo nos deja el estudio de nuestro pasado sin ánimos mistificadores: fueron los EE.UU. los que impidieron la anexión cubana. Sobre todo por su incapacidad, comprobada en Puerto Rico, de alcanzar a digerir naciones ya formadas en su cuerpo político.

Los EE. UU. y las Revoluciones Cubanas

Contrasta el cómo nuestros ancestros recibieron las respectivas campañas periodísticas de los grandes medios americanos ante la primera y la última revolución cubana.

En enero de 1869, cuando estos reportaron de modo muy parcial los sucesos sangrientos del 22 al 25 de ese mes, en que los voluntarios la emprendieron a tiros contra los cubanos, pero sin informar también de los precedentes y frecuentes atentados a aquellos de parte de elementos del bajo mundo habanero pagados por la Junta Revolucionaria de La Habana (a tiros y a puñaladas), nuestros ancestros se descubren a gusto con esa parcialidad antiespañola. La cual será en general la tónica de dichos medios durante las dos grandes revoluciones independentistas (1868 y 1895).

En enero de 1959, por el contrario, la generalidad de los cubanos, incluidos muchos de los que no poco después pasarían a militar en las filas del anticastrismo furibundo, reacciona chauvinistamente ante la recepción crítica que los grandes medios americanos hacen de los juicios sumarísimos en que se juzga a los batistianos[39], sin respetar las más elementales reglas del debido proceso (recordemos, por ejemplo, cuando Fidel Castro obligó a juzgar por segunda vez a los pilotos de la Fuerza Aérea de Batista).

En el primer caso, la perspectiva parcial de unos medios que aportaron no pocos de los relatos e interpretaciones aún

---

[39] Bohemia, por ejemplo, publica un largo artículo en que cuestiona la actitud de la prensa americana ante esos procesos, cuando poco antes se mostrara tan parca en emitir juicios similares con respecto al ensañamiento de las masas húngaras contra los segurosos de aquel país capturados por ellas, durante la reciente Revuelta de Budapest en 1956.

vigentes en el discurso nacionalista de nuestra historia[40], es de la complacencia general del cubano revolucionario, que más que no chistar ante las frecuentes exageraciones de los mismos hará todo lo posible por cooperar en su aumento. En el segundo, esa perspectiva parcial lo será para su disgusto, ya que ahora no habrá de hallar a bien la "intervención en nuestros asuntos internos" de unos medios que, al inmiscuirse en nuestro devenir histórico sesenta años antes, tan vitales habían sido para que hubiese entonces, como ahora, los tales asuntos (está fuera de dudas que sin la inevitable Intervención y la campaña de los *jingoes*, otra hubiera sido la historia cubana; también la española: sin duda la Guerra hubiera terminado a nuestro favor, pero no habría habido modo entonces de recuperar económica y socialmente al país de la devastación consiguiente a un esfuerzo bélico más largo).

Ese movimiento pendular, de extremo a extremo, se explica en que absolutamente todas las revoluciones cubanas han tenido su motivo central en el deseo de acercarnos o de alejarnos de los EE.UU.; de replantearnos nuestra relación con ese Coloso a la vista casi de nuestras costas septentrionales, tan vital para nuestra subsistencia como una nación moderna. Ya que para vivir como los taínos ciertamente nunca habríamos necesitado de los americanos (mas por suerte, o por desgracia, es imposible regresar al tiempo de los aborígenes a estas alturas; sobre todo en el mismísimo corazón de Occidente, posición hacia la que la isla ha estado avanzando de manera continua desde la segunda década del siglo XVI).

---

[40] Se olvida o más bien se oculta por nuestros historiadores y políticos, pero la verdad es que no pocos de los temas y mitos de la historiografía nacionalista cubana fueron en sus orígenes *fake news* de los medios jingoístas americanos.

Tanto los movimientos abiertamente anexionistas de los 1840 y 1850, como las revoluciones de 1868 y 1895, unos y otras están impulsados por la necesidad de acercarnos a los EE.UU.

El temor de los intereses que viven de la Trata o la esclavitud en Cuba, a que España, bajo presión inglesa o de los sectores progresistas ibéricos imponga la emancipación de los esclavos sobre los que se asienta la riqueza de la Isla (en Cuba la inversión productiva fundamental ha sido en negros, no en máquinas), llevan a nuestros ancestros blancos a buscar anexarse al vecino en el que la esclavitud parece ser una institución asegurada por los poderosos intereses de los estados sudistas. Los cuales son quienes en un final controlan la política en Washington hasta 1859.

Es este el motivo profundo de los movimientos de los 1840 y 1850.

Las revoluciones, por su parte, se explican además de por la inercia o tradición anexionista generada por los movimientos de las décadas precedentes, por poderosas razones económicas. En la Revolución del 68 por el interés de los azucareros cubanos de que alguien les amortice por los esclavos que finalmente saben deberán emancipar. Es en esencia la lucha por lo mucho que deja la Aduana Cubana lo que realmente enfrenta al Madrid revolucionario con los prohombres cubanos que se levantan en armas o se van al Exilio entre 1868 y 1869. Sobre todo porque es en base a su futuro control sobre ella que los cubanos[41] planean conseguir se les adelante los caudales con que se les amortizará por sus negros en un estado independiente, o mejor aún, anexado a la Unión Americana; mientras para los *septembrinos* Cuba, y sobre todo su aduana, solo es un bien a hipotecar para obtener los recursos necesarios

---

[41] Aquí podríamos haber escrito "las élites cubanas", pero como por entonces los únicos cubanos propiamente dichos eran esas élites, hemos preferido escribir "los cubanos", para evitar la redundancia.

para sacar a la nación ibérica de la profunda crisis en que vive desde 1867.

En general ambas revoluciones (68 y 95) se explican en la comprensión por los intereses ligados a la industria azucarera, alrededor de 1860, de que en un mundo en que cada vez mayor número de los principales consumidores de azúcar subvencionan su producción nacional, en base a la remolacha, a Cuba más temprano que tarde solo le habrá de quedar como comprador de su azúcar los EE.UU. El cual vecino, no obstante, tampoco es un comprador futuro cien por cien asegurado. Por él deberá también lucharse, en contra de los intereses de sus productores internos. Sobre todo a través de concesiones que el estado español, más comprometido con las periferias ibéricas que con sus dominios ultramarinos, no está dispuesto a conceder. Y es que de hecho la política ultramarina española será, hasta 1898, la de utilizar a las colonias como un pastel abierto a la codicia de las periferias catalana o vasca, como un medio de contener las tendencias centrífugas de estas. Por lo que dejar el pastel cubano en manos de los *salchicheros* del Norte no podía estar más lejos en sus planes para la Isla.

En este sentido el carácter inicial de la Revolución del 68 es, sino propiamente anexionista, por sobre todo pro-acercamiento a los EE.UU. No olvidar que durante los primeros seis meses de guerra Céspedes se deja a sí mismo en las manos de un partidario tan tenaz de la Anexión como lo fue hasta su último suspiro el injustamente olvidado Morales Lemus, y a su vez envía para pedirla, de su puño y letra, una tras otra carta a altos funcionarios o legisladores americanos. Correspondencia que ni tan siquiera suspenderá tras el desaire de Ulysses Grant a la multitudinaria misiva en que la mayoría de los cubanos alzados del Camagüey y Oriente le piden los anexe a la Unión.

Por su parte, el mismo carácter pro-americano se evidencia en la Revolución del 95. Sobre todo en el hecho de que los cubanos de la provincia de Oriente no se hayan alzado entonces inspirados por las diatribas de ese hombrecito nervioso y locuaz, José Martí, desconocido en Cuba para la absoluta mayoría, sino por la imposibilidad de conseguir mantener los estándares de consumo que implicaba la ruptura del tácito acuerdo comercial de reciprocidad entre España y EE.UU de 1990. El cual acuerdo había permitido que la producción azucarera dejara el estancamiento de los 1880 y saltara hasta el más de un millón de toneladas de azúcar producidas en la zafra 1893-1894... además de que también gracias a dicho arreglo el costo de muchos productos de la canasta básica, cual la harina de trigo y el arroz, habían experimentado en la Isla una espectacular caída de precios, que ahora se vería revertida.

La realidad, cruda pero incuestionable si es que usted no se ha insensibilizado a sí mismo al repetirse a gritos los temas del nacionalismo zarzuelero cubano[42], es que la Guerra de los Treinta Años por Nuestra Independencia fue una contienda por asegurarle un mercado, el único que nos quedaba, al producto agro-industrial del que habíamos aprendido a vivir desde un siglo antes; y fue inspirada, en un principio, por la necesidad de los amplísimos intereses azucareros nacionales de que Cuba recuperara lo invertido en la compra de negros. Todo lo cual se habría de encarrilar firmemente en el camino hacia el Norte gracias a la inercia o tradición anexionista que nos venía desde los 1840-1850.

---

[42] Llamo aquí nacionalismo zarzuelero a esa corriente cultural cubana retrograda, en una nación inquieta y mutable por definición, que se plantea entre otros disparates el poner a bailar danzón a las nuevas generaciones. La cubanidad es como el río de Heráclito: Ya nunca podremos volver a aquel momento cultural que añoramos de nuestro pasado... Cuba, como la célebre novela de Cervantes es algo que se nos impone por sí misma, algo que siempre está un paso por delante de nosotros.

Pero rara vez el futuro responde a nuestros planes, y no es extraño que pronto lleguemos a renegar de lo que poco antes tanto deseábamos participar.

Una vez eliminada la carga que significaba mantenerse subordinados políticamente a España, con la que manteníamos una relación económica cada vez más distante y en todo caso artificial y desfavorable, con la llegada del nuevo siglo, *americano*, Cuba entonces habría de descubrirse como ya lo habían vaticinado Saco, los autonomistas y todos los partidarios de la Hispanidad en Latinoamérica: completamente sola en lo político frente a los EE.UU., su metrópoli económica ya desde los 1880, y por demás el poder hegemónico global en ascenso.

Ocurre entonces que después de que nuestros hombres políticos han hecho lo imposible para que el estado español aceptará la necesidad de hacerle concesiones al único mercado para nuestra azúcar que aún no había sido copado por la de remolacha, al de repente encontrarse con la maquinaria estatal en sus manos, descubren entonces la otra cara del asunto: la humillación que significaban aquellas concesiones para cualquier élite política que se pretendiera nacionalista. Las cuales era lícito pedir a voz en cuello cuando se era la oposición eterna al estado (español), pero ya no cuando se es de hecho parte de ese mismo estado (cubano).

Así, el Tratado de Reciprocidad Comercial entre la Isla y el vecino del Norte, que era para 1890 universalmente aprobado y deseado por todos los cubanos y españoles residentes en la Isla, del que observemos que Martí nunca opina ni mal, ni bien, se convierte en motivo de suspicacia primero y de rechazo después para un sector importante, creciente, de la clase política cubana. De hecho su crítica habrá de convertirse en uno de los dos temas centrales del nacionalismo cubano post-independencia.

Sin embargo la reacción antiamericana consecuente no es súbita. Durante la República ocurre un proceso semejante al de la Colonia: antes de las revoluciones las algaradas chambeloneras. Las de 1906, 1912 y 1916, en las que lo que se persigue no es todavía alejarse de aquellos a los que tantos trabajos y sacrificios nos había costado acercarnos en el *diecinueve*, sino usar en provecho propio, en las disputas internas, de la subordinación política a que de manera inevitable ha llevado la completa subordinación económica para un país demasiado pequeño, que ya no es parte de un estado mediano, como el español (y por lo tanto con cierta capacidad de resistencia). O sea, dado que se da por sentada e irremediable la influencia-intromisión americana en nuestros asuntos, cada bando lo que intenta es "obligar" a los americanos a intervenir a su favor en los conflictos internos; sacarle provecho a lo inexcusable.

Algo que debemos reconocer no era nuevo, porque en buena medida lo que se había hecho durante la Guerra de los Treinta Años había sido precisamente eso: Intentar obligar a los americanos a intervenir en el conflicto entre Cuba y España. A favor nuestro, claro está. Solo que entonces se trataba de un interés general, de aquellos que se reconocían a sí mismos cubanos, y ahora solo lo era de una de las partes en que solían dividirse nuestros tatarabuelos tras la salida de España.

Pero el movimiento chambelonero dura muy poco. A partir de 1923 y de la interferencia humillante del general americano Enoch Crowder en la administración cubana, arriba a la política en Cuba una nueva generación que no ha participado en el increíble esfuerzo del *diecinueve* por acercarse a EE.UU., y a la que por tanto tampoco la embarazan ninguno de los escrúpulos en intentar la separación que paralizan a sus mayores.

Por sobre todo, ese giro generacional, tras el crack cubano de 1920, se debe a que resulta cada día más evidente que se ha alcanzado el tope de las posibilidades del azúcar para Cuba, que hay necesariamente que buscar nuevas formas de asegurarle la subsistencia a una población en crecimiento, tanto en número como en el nivel de sus necesidades materiales y espirituales. Nuevos productos, pero también nuevos mercados, lo cual significa de manera inevitable alterar la asimétrica relación de Cuba con los EE.UU., basada en acuerdos comerciales que establecen el intercambio de azúcar sin refinar por casi todo lo demás.

Así, un creciente sector nacionalista que solo tiene la vivencia de los resultados negativos del acercamiento, pero no de lo que costó, que también comprende que la vieja relación entre Cuba y los EE.UU. ya no da más, le impone a la Nación el que a partir del 9 de septiembre de 1933 la disyuntiva política fundamental en este país no sea otra que aquella que se da entre quienes desean poner distancia de los americanos, y quienes se asustan ante esa intención tan cruda: entre nacionalistas revolucionarios y nacionalistas conservadores. Porque anexionistas, lo que se puede calificar de tales, no quedaban en Cuba después de la histórica desilusión de la que da cuenta José Ignacio Rodríguez en su libro *Ideas*... solo habrán de resurgir como uno de los principales legados de la Revolución de 1959.

Las Revoluciones de 1930 y 1959 buscan poner coto a la ingente interferencia americana en nuestra vida, a la *americanización* cubana. Pero ello se demuestra un asunto en extremo complejo por el grado de dependencia económica que la Isla había alcanzado con respecto a los EE.UU., y porque desde un inicio mucho de lo artificial en la cubanidad, adoptado premeditadamente para distinguirnos de lo español, había sido simplemente tomado de *lo americano*; y por demás muchos de estos aspectos habían alcanzado un grado de penetración tal en la cultura nuestra que los hacían ya imposibles de extirpar (una buena muestra es que tras 60 años del intento revolucionario muchos de esos valores americanos vuelven hoy día con fuerza creciente... y Miami se impone como una de las dos más importantes ciudades cubanas).

Mal que les pesara a los nacionalistas, Cuba se había *americanizado*.

La razón de este fenómeno era muy simple: Gústenos o no, la verdad es que el nacional-separatismo cubano del *diecinueve* para lo único que en un final sirvió fue para sacar a Cuba de entre los últimos restos de un ya decadente orden mundial, el del Concilio de Trento, e incrustarla de a lleno en el mismo corazón del sistema hegemónico capitalista mundial de 1900. Para sacarla definitivamente del mundo de los Tercios ibéricos y encajarla en el *Nuevo Siglo Americano*.

La Revolución de 1959, anti-americana en lo profundo de su ser, bajo el impulso por sobre todo de un extraño, de un extranjero: el Che Guevara, intentó remediar ese resultado final. Pero no al tratar de obtener una mejor posición para Cuba en el Sistema Mundo al que estaba plenamente integrada como parte de su semi-periferia; algo que había sido la estrategia de los auténticos en la década de los cuarenta. La solución guevariana, verdaderamente revolucionaria por primera vez[43] para Cuba, fue la de desafiar a ese sistema mundial y tratar de crear uno absolutamente nuevo.

Los revolucionarios de 1959 aceptan que una nación como la cubana, por lo escaso de su población y recursos, por una tradición productiva que la mantenía atada a un único producto semielaborado... no puede vivir plenamente independiente de la superpotencia global que se encuentra nada menos que a la vista de sus costas septentrionales... a menos que equilibré a su favor la desproporción de poder que mantiene con los EE.UU., o que se los haga desaparecer como tal poder hegemónico. Para

---

[43] Nótese que aquí no exaltamos lo revolucionario, solo señalamos cuando ese *revolucionarismo* es más consecuente con sus principios.

ello en un primer momento los revolucionarios de 1959 buscan integrar a Cuba en un futuro súper-estado Latinoamericano. Un súper-estado que tratan de crear mediante la exportación de su revolución guerrillera al resto del subcontinente.

Esta es sin dudas la etapa realmente revolucionaria de la Revolución de 1959, aquella en que pretende desafiar a los grandes imperios globales. En que se propone destruir el sistema capitalista mundial, y aun imponer sus ideas propias al sistema global alternativo que ha surgido con la URSS al final de la I Guerra Mundial.

El ideólogo de este intento es el Che Guevara, algo así como la eminencia gris tras el más basto Fidel Castro.

Más la idea de crear una súper-potencia suramericana, que no es nueva y la revolución del 59 adopta de Bolívar vía Martí, no tarda en demostrarse irrealizable[44]. El punto de giro comienza con la muerte del Che Guevara en Bolivia, y se cierra de manera definitiva en agosto de 1968 cuando Fidel Castro avala el derecho de un Imperio Global, el soviético, a intervenir en uno de sus satélites periféricos, Checoslovaquia. Es entonces que la Revolución de 1959 termina, al ya no poder justificarse en su interés por subvertir el orden mundial, sino solo en el de una élite política que luchará con uñas y dientes por conservar los privilegios anexos al poder (no es que este interés no existiera antes de 1968, es que hasta entonces no es lo determinante).

---

[44] Por el contrario si era realizable, no digo que realista, la idea guevariana de provocar el colapso del sistema mundial capitalista mediante la promoción de un nuevo Vietnam en Suramérica: No habría salido de ahí una *Nuestra América*, pero de seguro si hubiera puesto en serios aprietos la hegemonía americana en el mundo, y desencajado, de modo quizás irremediable, el sistema mundial nacido a fines del siglo XV en las riberas de Mar Adriático. Incluido el sistema alternativo moscovita...

El régimen post-revolucionario, ya sin la influencia del Che Guevara, que es quien con su ascendiente sobre Fidel Castro lo había mantenido en el camino revolucionario consecuente, decide actuar a lo cubano, y vivir de sacarle lascas al efímero momento. La solución al asunto por lo tanto será la típica para cualquier cubanito de esos que dejan pasar las horas de su vida sin dispararle un hollejo a un chino, recostados a cualquier esquina de nuestros pueblos y ciudades[45]: **Ya que ni se puede vivir sin, ni con los americanos, pues vivamos de ellos**.

A partir de ese momento Cuba se venderá como el eterno bastión anti-americano por antonomasia. Pero ya no por un sincero interés de provocar el colapso del sistema mundial imperialista centrado en el eje Washington-Moscú, sino para justificar ante la población de la Isla el mantenimiento en el poder de la élite política que ha dejado tras de sí la Revolución fenecida en agosto de 1968. Pero sobre todo para obtener las ayudas imprescindibles a un régimen antieconómico por su esencia anti-cotidianista, de parte de todo aquel país, movimiento, o interés económico a quien le convenga ocuparse de sufragar los gastos de un bastión de resistencia antiamericano a menos de 90 millas de aquella nación, en un territorio que los americanos siempre han tendido a considerar como propio.

Así, la Cuba presente, que no ha conseguido separarse en realidad de los EE.UU., vive como antes de su relación con ellos. Pero por primera vez lo hace no al copiar mecanismos importados (revoluciones, nacionalismos, anexionismos, diplomacia…), sino según la solución de propia del tipo

---

[45] En *Our Man in Havana* hay una escena antológica, que nos define en unos segundos: Enrique Almirante, un clásico buscavidas cubano recostado en una esquina, que ante la posibilidad de aprovecharse, de asediar al extranjero, se lanza a frenética carrera…

cubano más estimado por la idiosincrasia nacional: esa cosa inconsistente e inconsecuente, *el bicho*.

La sociolista generación de 1793

En este Paraíso Terrenal, en el que las vacas y los cerdos pastaban sueltos por los bosques, las frutas y viandas se obtenían con solo estirar la mano, y en que siempre abundaron los indios o los negros para los pocos trabajos duros que hubiese menester, la posibilidad de convertirnos en los primeros productores de azúcar y café en el mundo *nos cayó de las matas*, como nos habría de caer casi todo hasta más o menos 1857.

En 1789 a los parisinos les dio el primer ataque de esa larga y crónica *epidemia revolucionaria* que les habría de durar hasta 1871; y serían precisamente ellos quienes con sus persistentes pachangas revolucionarias acabarían por sacar al mundo de sus ancestrales modos, y quienes de paso le darían el muy mal ejemplo a los negros de Haití, de que lo de las pachangas no tenía por qué ser algo tan reprochable cuando blancos, tan blancos como los de París, se mostraban tan afines a iniciarlas. Con lo que muy pronto la riqueza de la colonia vecina, que hasta 1793 había surtido al mundo de productos *coloniales*, se esfumó entre toques de tambor, violaciones de blancas y degollinas de mulatos y señores.

Según Moreno Fraginals Cuba fue la única dependencia europea en el Nuevo Mundo que con recursos no procedentes de los capitales metropolitanos haya creado toda una colonia de plantación. Aparte de que nos asalta la duda de si no podría postularse exactamente lo mismo para el origen de los capitales haitianos, originados probablemente en lo acumulado, ya sabemos cómo, por los piratas y corsarios asentados en La Isla de la Tortuga, la tesis del supuesto exclusivismo cubano no debe de hacernos concluir, como a muchos de los epígonos menores de Moreno, que la clase que construyó los ingenios y los cafetales tuviera real espíritu de empresa, de ahorro, cálculo y sacrificios. La realidad es que, como ya hemos dicho, nuestros ancestros solo aprovecharon lo que les cayó de las matas.

En Cuba el azúcar, y el café, se fomentaron porque no había que hacer mucho para echar adelante esos cultivos en esta isla entre tropical y subtropical que, salvo por su dependencia de España y no de Francia, reunía desde siempre mejores condiciones para ellos que la propia Haití; sobre todo por su mayor accesibilidad a los mercados europeos y americanos en la era de la navegación a vela. A lo que hay que agregar que tras la Revolución Haitiana la Isla se vio literalmente inundada con el flujo de refugiados, poseedores del *know-how* para producir de manera provechosa azúcar y café, y quienes se ocuparían primero de levantar para la embrionaria sacaro-cafetalocracia cubana las haciendas, y luego de las labores técnicas o administrativas en las mismas.

En cuanto al capital empleado, no provino exactamente de lo ahorrado por nuestros ancestros. Los cubanos de mediados del siglo XVIII estarían muy bien dotados de tierras y de ganados (los inmensos hatos y corrales), pero por desgracia sobre los que podían decidir casi tan poco como cualquier agricultor sobre los suyos en la Cuba de hoy, y en consecuencia tan carentes como ellos de capitales útiles para echar adelante cualquier empresa. La propiedad territorial en Cuba, hasta fines del XVIII, fue más bien un usufructo, el que, por ejemplo, no podía simplemente ser desmontado porque los bosques pertenecían al Rey y a su Marina.

El capital en sí se obtuvo de una manera que habría de crear precedente. Un mal precedente, valga dejar muy claro. El cual por desgracia se mantiene hoy día con la misma vitalidad de hace dos siglos y medio.

El capital se obtuvo a través del *situado*. Ese dinero se destinaba por el Estado Español a fortificar el puerto habanero: El Virreinato de Nueva España desembolsaba una considerable cantidad, con la que las autoridades de la Isla le pagaban a los "empresarios" habaneros, tanto por los materiales de construcción como por el alquiler de los negros esclavos que se habrían de usar para construir castillos como el del Príncipe, o fortalezas como la de San Carlos de la Cabaña... pagos que por lo regular andaban muy por encima de los costos verdaderos, y que se pactaban entre autoridades y empresarios con la condición de dividir entre ellos las correspondientes ganancias-esquilmos del erario de Su Majestad.

Más o menos el mismo procedimiento que hoy se usa por las autoridades municipales, provinciales y nacionales para sacar lo suyo, mediante la contratación de cooperativistas o cuentapropistas, al pactar con ellos pagos algo superiores a los costos reales, "beneficios" que luego se reparten entre unos y otros.

En los años previos a 1793 el esquilmo al erario de Su Majestad, que habría de permitir la imprescindible acumulación de capital necesario para el impulso azucarero-cafetalero, llegó a tal punto que no en balde se cuenta la anécdota que sigue: Una luminosa mañana encontraron sus cortesanos a Carlos III, Rey por entonces de España, enfrascado con su telescopio en escudriñar en dirección al oeste desde uno de los balcones de Palacio. Preguntado sobre qué hacía, Su Majestad no pudo más que responder que intentaba ver a la Cabaña en la boca del puerto de La Habana, porque una fortaleza que le iba costando tanto tenía por necesidad que verse desde Madrid.

Cabe por tanto afirmar que el dinero para el primer boom azucarero-cafetalero de la Isla, lo obtuvieron los habaneros mejor relacionados nada más y nada menos que de los bretes y enredos con las autoridades coloniales. No en balde a Don Luis de las Casas, y al Conde de Santa Clara, aquellos a quienes los herederos de la tradición cimentada por la sacarocracia hemos tenido desde siempre por nuestros mejores gobernantes, las élites habaneras les regalaron sendos ingenios[46]. Que evidentemente no eran regalos, sino pagos, a la manera en que hoy tantos presidentes de Asambleas Municipales, Primeros Secretarios, funcionarios y jefes o tenienticos del G2, reciben "regalitos" de cuentapropistas, cooperativistas y hasta directores de empresas estatales socialistas.

Pero no es solo que el impulso inicial a nuestro desarrollo como próspera agricultura para la comercialización se diera a partir del esquilmo de las arcas del Estado Español, en específico a las del Virreinato de Nueva España. *A posteriori* Cuba pudo mantener y aumentar su producción de azúcar y café gracias a que las autoridades coloniales, durante la última década del siglo XVIII y la primera del XIX, se hicieron de la vista gorda en cuanto a la bandera no española de los barcos que cargaban esos productos en nuestros puertos, a la vista de sus aduaneros (recordemos que las Leyes de Indias prohibían tal comercio); y porque más tarde, cuando universalmente la Trata de Esclavos se condenó y persiguió activamente por la *Royal Navy*, a Cuba siguieron entrando miríadas de negros gracias a los cambalaches y componendas entre los hacendados, los comerciantes, y las autoridades coloniales, quienes junticos y bien revueltos armaban las expediciones al África.

Fue la cambiante circunstancia de la Isla, en el mismo centro del Mundo Occidental, la que se ocupó de crear las condiciones para esas primeras manifestaciones cubanas de Sociolismo, y a su vez la que después lo llevaría a convertirse en algo tan nuestro como las palmas y las cañas. De hecho, estas últimas llegaron a tener la extensión que aquí tuvieron no gracias al supuesto espíritu de empresa *weberiano* de la generación cubana de 1793, sino a los turbios acomodos entre autoridades coloniales y emprendedores hispano-cubanos para robar, con más eficiencia y calidad, al Estado Español, o para violar lo dispuesto por los pactos internacionales de los que Madrid era firmante.

---

[46] Quien esto escribe se reconoce montado en esa tradición comenzada por los pro-hombres de 1793, y orgulloso de ello. Una tradición modernizadora previa a la americana, como ya hemos visto en este libro.

Las profundas raíces históricas de Nuestro Sociolismo

En este trabajo partimos de hacer un somero análisis del Sociolismo, ese complejo fenómeno socio-económico que ha determinado el tejido social en Cuba durante los últimos cincuenta años, al menos *a posteriori* de la definitiva *muerte de la Revolución*, entre agosto y octubre de 1968. Después indagaremos en las profundas raíces históricas, muy anteriores al nacimiento de Fidel Castro, de las dos condiciones idiosincráticas que consideramos aquí determinantes en el establecimiento del Sociolismo Cubano. Autoctonía que en definitiva explica la increíble capacidad de persistir del régimen cubano.

1. ¿Qué es el Sociolismo?

Siempre han existido y siempre existirán manifestaciones de sociolismo, con inicial minúscula. Sin lugar a duda la capitalización a partir del robo a las arcas estatales, por cofradías de *socios*, de amigotes o parientes, no es un mal exclusivo de ninguna sociedad humana presente, o pasada. No solo la riqueza azucarero-cafetalera cubana tuvo ese origen, y tampoco fue nuestra Generación de 1793 quien inventó ese modo de echar adelante empresas económicas o comerciales. Es un mal muy antiguo, común en las sociedades pre-modernas, y si le damos crédito al a ratos demasiado radical en sus juicios Carlos Marx, explicaría mejor los orígenes del Capitalismo que el devoto espíritu de ahorro de los puritanos de Europa noroccidental[47].

---

[47] A diferencia de Weber, Marx no intenta explicar lo que de realmente novedoso hay en los orígenes del Capitalismo; para él, a pesar de su recurrente distinción entre lo moderno y lo pre, el Capitalismo pareciera ser más de lo mismo, y a pesar de sus estudios de la "acumulación originaria" en su obra nunca llega a entenderse a derechas, ni a izquierdas,

No obstante, debe dejarse muy claro que existen grandes diferencias entre las manifestaciones de sociolismo, con inicial minúscula, que permiten obtener los capitales imprescindibles para echar adelante un negocio o aun toda una industria, la cual luego será capaz de mantenerse en gran medida sin el apoyo criminal del funcionario estatal, gracias a la existencia de Mercados más o menos libres, y el "Sociolismo" propiamente dicho como sistema social relativamente estable, en que las relaciones *sociolistas* ya no solo sirven para la capitalización imprescindible antes de echar a andar negocios o industrias, sino que se convierten en las centrales a toda la sociedad en cuestión, al haberse prescindido del Mercado, o reservársele una función muy subalterna.

El Sociolismo se origina en los naturales cuestionamientos que a un estado patrimonial (o más bien con pretensiones nunca completamente realizadas de tal), establecido en la Modernidad, le hacen individuos de una u otra manera influidos a medias por la nueva mentalidad que han traído los Tiempos Modernos. En tal situación los individuos terminan por asumir al estado como un saco abierto a las depredaciones del interés más egoísta, para llevar adelante las cuales depredaciones los individuos más atrevidos, o mejor situados en la red social, se unen en cofradías de amigos o parientes, de *socios*. Cofradías *personales* que incluyen no solo a los funcionarios estatales que se ponen de acuerdo para robar al estado y redistribuirse entre ellos lo robado, sino también a las redes clientelares que se crean espontáneamente a su alrededor, y que tangencialmente les sirven para cubrirse las espaldas. Por ejemplo: el Presidente de la Asamblea Municipal que para construir su casa ayuda a todo el barrio a obtener subsidios, o incluso a comprar materiales mal habidos con algún otro funcionario; que instruye al Delegado de la Agricultura para

---

cómo ha logrado establecerse esa completa novedad a fines del Medioevo: La Modernidad.

que en determinadas fechas "resuelva" cierta cantidad de alimentos para surtir a los oficiales de la policía local, con el objetivo de mantener a los agentes contentos *de vivir aquí*, en Nuestro Sociolismo.

El Sociolismo, ese resultado de la reacción de los individuos a lo pre-moderno que intenta reconstituirse extemporáneamente, consigue un enorme grado de extensión incluso desde los comienzos mismos de su evolución, al punto de que ningún individuo logra escapar de en algún momento tener que acudir a sus redes de relaciones para suplir alguna de sus necesidades. Cuando alcanza su apogeo es en definitiva tal su extensión que son sus relaciones, supuestamente clandestinas, las que en realidad determinan la vida de los ciudadanos en el sistema socio-económico-político dentro del cual parasita, y por tanto las que le dan nombre a este, más allá de la sosa hipocresía academicista.

La capacidad del Sociolismo para extenderse se explica en la necesidad de sobrevivir en que pone a los individuos el intento de volver a lo pre-moderno patrimonial (con el consiguiente colapso de la economía), y en consecuencia en que el robo al Estado no sea tanto de dinero, como de materiales, alimentos y todo lo necesario para la vida. Porque a diferencia de las manifestaciones de sociolismo, que se dan en cualquier parte, el Sociolismo está necesariamente ligado a una economía de la precariedad en que la carencia de todo es lo habitual, y a un Estado que tiene la firme determinación de administrar esa escasez (son precisamente las decisiones de ese Estado las que han traído la escasez), por sobre todo para que la iniciativa individual no ponga en peligro su control sobre la sociedad.

El Sociolismo, es de un lado efecto de la respuesta a esa economía de la precariedad, por parte de una sociedad compuesta de individuos influidos a medias por la Modernidad, pero por sobre todo para nada dispuestos a morirse de hambre, y que por su particular conformación cultural en una nación no central al proceso de mundialización capitalista miran aún con suspicacia a toda relación impersonal. Del otro, consecuencia del intento del estado de evitar no tanto el robo de los recursos que se ha adjudicado como bien patrimonial suyo, lo cual le resulta irrealizable en la práctica, sino que ese robo pueda conducir a alguna forma de acumulación originaria que ponga en peligro su posición social dominante.

Ese carácter de respuesta personalista[48] a una economía en que todo falta, y lo escaso solo está en manos del estado, explica el que las redes de socios se establezcan no tanto para cubrirse las espaldas los unos a los otros, sino para que al multiplicar el número de ladrones, y al hacer ubicuo al robo, pueda obtenerse acceso a la mayor cantidad de artículos necesarios; los que luego se distribuyen *sociolistamente*: El director de la fábrica de zapatos le resuelve calzado para su familia al director de la granja de puercos, a la vez que este le reciproca el favor; ambos se hacen de la vista gorda con sus empleados y suministradores, para que estos no los denuncien; todos le resuelven a sus parientes y amigos, quienes a su vez hacen lo mismo...

El Sociolismo es un sistema de cierta complejidad que se articula totalmente sobre relaciones personales y por lo tanto a

---

[48] Usamos aquí las relaciones personales en contraposición a las impersonales. Las primeras serían aquellas establecidas sobre lo emocional, en que el individuo ve a su contraparte como una persona semejante con la cual improvisa en base los impulsos de sus sentimientos; las segundas aquellas establecidas sobre lo racional, en que el individuos ve al otro como una abstracción, para relacionarse con la cual se basa en una serie de reglas racionales. Es evidente que las primeras bastan en sociedades no muy complejas en que los intercambios ocurren siempre entre personas concretas, *presentes* una frente a la otra, pero no para las sofisticadas de la Modernidad, en que se muchas de las transacciones ocurren entre individuos que nunca se verán personalmente.

su interior en propiedad no se da el fenómeno de la burocratización[49]. Cabe afirmarse que el Sociolismo es la manera en que se organizan ciertas sociedades no muy avanzadas bajo la influencia cultural de vecindarios organizados con un alto grado de complejidad, y más que nada a impulsos del resentimiento hacia esos vecinos. Sociedades no muy avanzadas dotadas por su propio devenir con una muy escasa capacidad para lograr establecer complicados y abstractos sistemas de relaciones impersonales. Por ello los muchos problemas administrativos que bajo el Sociolismo se le suelen achacar a la burocracia no pueden ser en verdad consecuencia de esta. Debido a su marcado y distintivo carácter personal, el aparato administrativo sociolista no puede de ninguna manera ser considerado como una verdadera burocracia, y por lo tanto las infinitas ineficiencias del Sociolismo no se deben a la burocracia, sino más bien a su inexistencia.

Dos son por lo tanto las combinaciones necesarias para el surgimiento del Sociolismo como sistema social estable: (1) El que el estado intente con cierto éxito parcial reasumir el papel central, absolutista, en una sociedad con graves dificultades para concebir relaciones administrativas o comerciales impersonales, y en que perviva en el imaginario colectivo la visión del estado como de un ajeno, de un intruso, establecido no a partir de la socialización espontánea de la sociedad en cuestión, sino impuesto por intereses externos a ella, y precisamente a contrapelo de lo que sus tendencias internas le dictan; (2) el que en una sociedad que ha disfrutado de cierta prosperidad, sobre todo a resultas de la influencia de su

---

[49] Las relaciones que establece esa novedad de la Modernidad, el verdadero burócrata, tienen como ideal el ser por entero impersonales: o sea, basadas en reglas racionales, no en los sentimientos del burócrata. Solo así se puede garantizar cierto grado de igualdad en el tratamiento del estado moderno hacia los que se relacionan con él.

circunstancia geográfica e histórica, se dé un lento proceso de retroceso económico, acelerado de repente por obra de medidas adoptadas desde el estado para supuestamente revertir ese retroceso, pero cuyo verdadero resultado sea sumergir a la economía en cuestión al nivel de la mera subsistencia.

En lo que sigue, más que intentar identificar a la Cuba de Fidel, Raúl, y ahora Díaz-Canel, con el Sociolismo arriba descrito, lo que damos por sentado desde el inicio mismo de este trabajo, trataremos más bien de demostrar que el Sociolismo Cubano se origina en nuestra incapacidad para entender la necesidad de las relaciones impersonales; en nuestra histórica visión del estado como de un intruso en nuestras vidas, incluso como de un medio natural para una mentalidad poco dada a los conservacionismos; en la evolución trágica de nuestro modelo económico; y en la tradición revolucionariezca al interior de la Cubanidad que ha sido consecuencia, y a partir de cierto momento factor de conservación de todo ello. Por supuesto, en combinación con la decisión de un grupo de revolucionarios de establecer en Cuba una forma pre-moderna de economía y sociedad importada desde la URSS.

Aclaramos que para nosotros no es lo mismo Sociolismo, que Socialismo en su variante leninista. Es obvio que el primero surge en alguna medida del intento de establecer el segundo en Cuba; más también nos lo parece que lo descrito arriba no puede usarse para describir al sistema soviético… o en todo caso nosotros no nos atrevemos, aquí.

1.1. El Estado ajeno.

En Cuba la percepción del estado como fuente de recursos abierta a las necesidades individuales, no tanto colectivas, tiene una muy larga historia y se asienta sobre la ancestral visión cubana del Estado Colonial Patrimonial como de un intruso, *cuyas disposiciones se respetan, pero no se cumplen*, y al que hay que saquear sin muchos remilgos éticos siempre que se tenga la oportunidad. No podía ser visto de otra manera el estado donde este no fue nunca concebido para servir a los intereses de los ciudadanos, sino para que otros muy lejanos pudieran servirse de los colonos-súbditos con fines estratégicos, o para sacarles el máximo beneficio fiscal posible.

Esa percepción del estado como saco abierto a todas las depredaciones habrá de estructurarse de forma definitiva en base a un conjunto de causas en la segunda mitad del siglo XIX, y las primeras dos décadas del XX: En primer lugar, a la gran emigración española de la segunda mitad del *diecinueve*, cuando la desconfianza en el criollo llevó a la Metrópoli a preferir españoles para ocupar las plazas del funcionariado colonial. Individuos que traen impregnado ese mismo mal ancestral español, de entonces y de después (para la mayoría de los españoles, y no solo de las periferias ibéricas, el Estado Patrimonial Castellano también ha sido siempre un ajeno), y que por demás vienen a servir en una tierra con la que tienen escasos compromisos concretos. A la cual en consecuencia ven como un territorio ocupado del que hay que esquilmar, y rápido, todo lo posible para regresar a la aldea convertido en el consabido indiano rico. Muchas fortunas y muchos negocios se establecerán en Cuba y España con los dineros mal habidos por los funcionarios coloniales de Cuba, y esto, en los que permanezcan acá, reforzará la idea del estado como de un ajeno, aun como de un intruso.

Una causa de más sustancia, ontológica incluso, habrá de ser el encontronazo de los cubanos con su nueva realidad: En un mundo posterior a la Revolución Industrial, en que no todas las necesidades pueden ser ya simplemente *bajadas de las matas*, a lo largo del *diecinueve* el medio ambiente natural cubano va a perder irremisiblemente su papel de gran prodigador de los bienes.

Recordemos que, hasta el surgimiento de las nuevas necesidades de consumo industrial, Cuba había sido una especie de Paraíso entre Tropical y Subtropical (durante la

Pequeña Edad de Hielo el clima de la Isla parece haber sido algo más benigno para los europeos). Paraíso Terrenal en que en cualquier tiempo se podía vivir a la intemperie con escasa o ninguna ropa; en que el ganado vacuno y de cerda pastaba suelto por los bosques, sin respetar la delimitación de la propiedad en hatos y corrales; en que el alimento se obtenía con solo estirar la mano hacia los árboles y agarrar una fruta o una jutía, o sacar del suelo alguna de nuestras raíces silvestres comestibles; y en que se disponía de una relativa abundancia de indios o negros para los pocos trabajos duros que debieran emprenderse.

Sin embargo, en los nuevos tiempos que comienzan a vivir los cubanos con la Revolución Industrial, para obtener lo necesario para vivir hay que o trabajar rutinariamente, o buscar alguna otra forma de obtener entradas regulares del dinero que permite comprar *lo que no cae de las matas*, sino que sale de las fábricas. Pero dado que el trabajo, y más que nada el rutinario, había sido hasta entonces muy mal visto por el cubano blanco, y más justificadamente por el cubano negro, en esta nueva situación en que todavía no hemos sentido en la medida suficiente la beneficiosa influencia americana, el cubano tendrá que buscar dónde *resolver*. ¿Y dónde mejor que en esa especie de nueva Naturaleza en la que el cubano empieza a verse envuelto por todas partes al tiempo que retroceden los bosques ancestrales?: el estado.

El estado, algo ajeno, abstracto, tan dependiente de un poder abstruso y lejano como la Naturaleza (esta de Dios, aquel del Rey), tan en apariencia inagotable como ella, y con respecto al cual en consecuencia se siente por completo libre de responsabilidades.

El Estado Moderno, que con su intención de intermediar en todas las relaciones que el humano establece con otros humanos, o de estos con el medio ambiente, para el individuo a quien se le impone y no es el resultado de sus consensos y contratos con sus vecinos termina por ser percibido de la misma manera que el medio ambiente mismo.

Por lo tanto el estado, que para la gran mayoría de los cubanos no se convierte en algo concreto hasta entrado el siglo XIX[50], no puede más que parecerles el sustituto perfecto de la Naturaleza isleña virgen. Un sucedáneo que les permitirá sostenerse más o menos de la misma manera que sus ancestros, como *su continuidad*: Si aquellos habían vivido de un medio ambiente que en muchos sentidos remedaba al Paraíso Terrenal bíblico, ahora los cubanos de las generaciones nacidas en la Era Industrial comienzan a mirar hacia el intruso estatal como un medio ambiente prodigador de lo necesario para poder consumir. Solo hay que estirarse un poco, y coger un puesto oficial, o una botella, o vender un voto, o simplemente cargarse con parte de la ganancia.

En no poca medida la voluntad común de hacernos independientes nace del interés individual por ganar el control de esa segunda naturaleza.

En resumen: Las circunstancias económicas posteriores a la Revolución industrial obligarán a los *hombres del azúcar*, a los cubanos, subidos demasiado pronto al carro del Consumo y el Confort (a fines del *dieciocho* e inicios del *diecinueve*), a buscar en otra parte lo que hasta entonces simplemente *bajaban de las matas*. Y en la tal encrucijada, sometidos a un régimen político cuyos fines siempre han chocado con los propios, el concurrente inmenso influjo español de la segunda mitad del *diecinueve* hará que la Cubanidad identifique al estado como el sustituto idóneo de su ancestral medio natural, sobre todo no bien este caiga en manos nacionales con la llegada de La República. Lo cual se comprobará en extremo

---

[50] Solo en La Habana, con la sustitución de los Austrias por los Borbones, el Estado Español se había hecho sentir de manera cotidiana y no esporádica antes de la llegada del *diecinueve*.

lamentable, dada la pésima relación que el cubano había tenido históricamente con su medio ambiente: Como con los recursos naturales de la Isla, el cubano se dará a dilapidar los del estado con la misma despreocupación, y escaso sentido comunitario, con el que en 120 años poco menos de un millón de habitantes promedio quemaron unos 60 000 kilómetros cuadrados de bosques de las valiosísimas maderas.

Debe agregarse por último que con la llegada del siglo XX y de la República, una tercera y cuarta causas, relacionadas inextricablemente entre sí, se sumarán para establecer de manera definitiva esa visión del estado como saco abierto a los intereses personales, o como un ajeno, incluso como una cosa natural: La Guerra de los Treinta Años por Nuestra Independencia, al arruinar a las clases altas y medias cubanas, y la posterior y masiva inversión americana en la Isla desolada, que les permite a los americanos adueñarse de la mayor parte de nuestro sector productivo, al tiempo que los españoles lo hacen del comercial, no le dejarán al cubano otra *industria* y otra *banca* disponible que el estado, si es que quieren reiniciar su actividad empresarial, o simplemente mantener sus viejos estándares de vida.

La persistencia cultural de ideas adquiridas que se han demostrado útiles para *ir tirando*, unida a la dependencia económica al país del que nos habíamos convertido en economía complementaria desde 1880, al necesariamente condicionar nuestra política, doméstica o externa, harán que la visión popular del estado como de un ajeno, de un intruso, logre llegar casi incuestionada por la cubanidad hasta el 1º de enero de 1959.

1.2. La economía de subsistencia.

Sin duda la decisión de establecer un sistema socialista a la soviética, por un grupo de revolucionarios que han accedido al poder con un considerable por ciento de apoyo de la ciudadanía, explica en alguna medida el espectacular retroceso económico que habrá de crear la segunda condición para el establecimiento del Socialismo Cubano: una economía de la precariedad en un país que ha disfrutado históricamente de cierta prosperidad. El socialismo soviético, como sabemos, estuvo relacionado con altos grados de ineficiencia económica. Eso sí, nunca al pantagruélico grado cubano.

Con una agricultura que nunca logró alcanzar el desempeño pre-revolucionario, la URSS sin embargo fue capaz de experimentar crecimientos económicos de casi dos dígitos, de multiplicar por cien su producción de acero en 70 años, o de crear la infraestructura tecnológica necesaria para convertirla en una de las dos superpotencias espaciales, muy a diferencia de la Cuba de Fidel, la cual no puede mostrar en lo económico un solo logro ni remotamente semejante[51]. Es significativo que el mal llamado socialismo cubano no puede mostrar nada parecido a los crecimientos alcanzados por la URSS, la RDA, Rumanía o a aun Corea del Norte, la cual pasó casi de una sociedad pre agrícola a otra capaz de producir millones de toneladas de acero, y con ello miles de cañones pesados (cinco mil de los cuales apuntan día y noche a Seúl).

Tal realidad solo puede explicarse si se admite que los niveles de ineficiencia económica en el caso cubano se relacionan con el triunfo de una tradición anti-económica previa, nacional, a la cual el modelo socialista soviético solo vino reforzar, tras ser adoptada por los representantes de dicha tradición que se han hecho con el poder.

---

[51] Todo el crecimiento económico revolucionario puede rastrearse rápidamente como el resultado de la inyección de grandes cantidades de capital exterior, el cual es por lo demás rápidamente dilapidado en esfuerzos a-económicos. Si la URSS pasó de 1 millón, a 100 millones de toneladas de acero; Cuba malamente llegó a superar la marca de la Zafra de 1952 tras dilapidar, en los delirios del *Comandante*, una vez y media lo que produjo la Zafra de los Diez Millones.

A esto precisamente nos dedicamos a continuación.

1.2.1. La tradición anti-económica (revolucionaria) cubana.

A resultas de los cambalaches sociolistas de la Generación de 1793 la Isla habrá de convertirse en uno de los mayores centros productores de riqueza a nivel mundial. Esta es tal, que no pocos visitantes de la época llegan a señalar el que Cuba más parezca la Metrópoli de España, que al revés.

Pero por desgracia para los cubanos en el ínterin el Mundo no se ha quedado en 1793. Cada vez más, a partir de 1830, los *productos coloniales* dejan de ser la medida de intercambio comercial universal. El algodón, o el azúcar y el café, ya no imperan, sino los metales, con los que pueden ser construidas máquinas para multiplicar por 10 o hasta por 100 la capacidad humana de producir y transportar casi cualquier otro producto. Los productores de metales, cuyas manufacturas gracias a la Revolución Industrial se tornan más y más baratas, pueden ahora imponer sus condiciones comerciales al mundo en casi cualquier otro producto. A diferencia de en 1793, o aún en 1820, cuando quienes dictaban esas condiciones eran los productores de algodón, o de azúcar.

Para colmo de males en Europa, uno de nuestros dos principales mercados, los gobiernos comienzan a estimular la producción de azúcar de remolacha[52]; mientras en el otro, los EE.UU., aumenta la presión de los productores internos para proteger sus azúcares de la competencia externa. Por fortuna en este caso el desenlace de la Guerra Civil dejará a esos intereses, por sobre todo sureños, durante muchos años sin poder político

---

[52] Precisamente el abaratamiento de la producción de metales fue el factor que le permitió a los gobiernos de los países que los producían contar con los recursos necesarios para subsidiar sus agriculturas.

para influir de manera efectiva en la política arancelaria de la Unión.

El mundo no ha parado de girar y Cuba se ha quedado atrás. Sin recursos financieros, que han sido invertidos por sobre todo en esclavos, los que ya no se pueden comercializar tras la prohibición universal a la Trata y la derrota de la Confederación Americana. Sometida por demás al régimen colonial de una nación a medias europea[53] que tampoco cuenta con los recursos financieros, o aun culturales, para facilitar los capitales necesarios para la reconversión de la Colonia hacia otras producciones o actividades comerciales. Ella misma sin la necesaria cultura empresarial para adoptar el reto (cultura empresarial que no empieza a aparecer en Cuba hasta que la influencia americana se convierta en la fundamental a partir de 1880)...

Cuba, o más exactamente la Generación de 1793, le apostó a un modelo de desarrollo que *le cayó de las matas*, que pudo impulsar gracias a un modelo de capitalización, el sociolista, y que en su momento la condujo a convertir a su clase superior, a la sacaro-cafetalocracia habanera, en el poder real tras el trono del Imperio Español. Sin embargo, ese modelo productivo parasitario, esclavista, de explotación de ciertos *productos coloniales*, estaba ya de hecho condenado por la evolución que en paralelo comenzaban a tomar las relaciones económico-sociales al interior de la civilización occidental.

Un modelo, el de producir azúcar extensivamente gracias a la explotación del trabajo esclavo, que por su propia naturaleza solo vino a reforzar las ancestrales tendencias y tradiciones que inhabilitaban a la cubanidad para entrar en la competencia global del mundo que por ese entonces emergía.

---

[53] Según Teófilo Gautier, y con ello expresaba una mayoritaria impresión francesa, Europa terminaba en los Pirineos. España pertenecía por lo tanto a África.

La apuesta, la elección de la Generación de 1793, marcaría el inicio de lo que no cabe más que llamar *el destino trágico de la Cubanidad*: Colocada en el mismo centro de Occidente, y por lo tanto demasiado bajo la influencia de la Modernidad como para poder escapar a sus cantos de sirena, a Cuba, sin embargo, su devenir histórico le ha impedido, y le impide aún hoy, aprovechar su privilegiada situación.

Muy temprano los cubanos nos deslumbraremos con el consumo, el confort, y en general con *el adelanto* que significa la Modernidad, sobre todo tras la Revolución Industrial. Pero a la vez la peculiar evolución económica, social y política que emprenderemos, en buena medida a resultas de ese demasiado temprano deslumbramiento en el siglo XVIII, solo conseguirá hacer reproducir una y otra vez las ancestrales trabas que no nos han dejado, y no nos dejan, producir lo necesario para consumir, tener una vida confortable, *adelantar*, como vemos logran hacer nuestros vecinos del Norte o de la cara atlántica de Europa (no nos engañemos, Cuba rara vez ha mirado hacia un Sur hemisférico con el que poco o nada se ha relacionado comercial y financieramente a través de su historia, esa relación solo ha venido a ser importante con Venezuela, tras el arribo a la presidencia de ese país de Hugo Chávez; un arribo por demás preparado por los órganos de inteligencia del castrismo).

El persistente espíritu revolucionariezco en Cuba, ese que traerá al país la segunda condición para el establecimiento del Sociolismo Cubano (una economía que se pauperiza con rapidez), nace de esa peculiar situación trágica nuestra. En que una nación, que en su memoria colectiva registra el haber sido alguna vez el lugar más próspero del planeta (entre 1840 y 1850), o antes aun una especie de Paraíso Original, luego del inicio de la Revolución Industrial se descubre a sí misma en una situación en que no solo retrocede irremediablemente en las escalas mundiales, sino en que cada vez le es más difícil mantener un nivel de vida acorde con los tiempos de modernidad industrial que vive el mundo de su vecindario próximo; sobre el cual tienen fija su atención un significativo por ciento de los individuos que la integran.

De más está decir, frente a las experiencias dejadas por nuestra historia, que el espíritu revolucionariezco mucho menos nos ayudará a salir ese destino nuestro. Por el contrario, habrá de funcionar como otra más de las fuerzas que constantemente reaniman las tendencias ancestrales que nos inhabilitan para *adelantar*; y a partir de cierto momento (1959), incluso como la principal fuerza para el mantenimiento de ese destino trágico. En una especie de mecanismo de retroalimentación positiva.

Veámoslo en su desenvolvimiento histórico hasta llegar a hacerse con el poder Fidel Castro y su pandilla de barbudos felices:

Es el desespero de la sacarocracia (el café desaparece hacia los 1840-50, al parecer por causas ambientales[54]), que ve como su riqueza inmobiliaria pasa a manos de bodegueros catalanes, y como la invertida en esclavos queda cada vez más en peligro de desvanecerse de la noche a la mañana si en Madrid predominan los ánimos abolicionistas; que quiere hacer algo para solucionar su compleja situación pero no cuenta con los recursos financieros necesarios mientras alguien no le pague precisamente por la liberación de esos negros por los que tanto temen... es ese desespero el que la conduce en 1868 a la Guerra Grande[55].

---

[54] Si esto fuera cierto no podríamos más que decir que Cuba fue pionera en sufrir las consecuencias del cambio climático que hoy amenaza la vida en el planeta.

[55] Aquí se da por sentado que los impetuosos orientales y camagüeyanos no fueron más que juguetes de los rejuegos políticos de la élite habanera,

No obstante, si bien responde a ese desespero al interior de la que Pérez de la Riva llama la Cuba A, la evolución natural de esa Guerra, emprendida por una élite de la Cuba B que tiene menos que perder, encerrada a sí misma en las regiones más atrasadas del país por las maniobras de la sacarocracia habanera más que por la habilidad estratégica española, y muy pronto con una desproporción abrumadora de fuerzas en contra de las fuerzas cubanas, la lleva a convertirse rápidamente algo muy distinto: En una sublevación de la ancestral forma de vida cubana en contra de la Modernidad industrial; una rebelión *del adentro* contra todo lo *de afuera*, a la vez que del pasado patriarcal y personalista contra los modos impersonales de la Modernidad Industrial.

Los cubanos de la parte de la Isla que menos influida ha sido por los valores de la Modernidad se hunden en lo profundo de los bosques de una mitad oriental todavía virgen, y allí establecerán campamentos que reproducen los centros habitados de los hatos ganaderos ancestrales. Aquellos en que por siglos habían vivido sus ancestros. Vuelven así a vivir en la intemperie gracias a la paradisíaca Naturaleza cubana, sin preocuparse de mantener cultivos o crías para la subsistencia de la tropa, la cual se alimenta de lo que buenamente le suministra el medio. Descalzos y semi desnudos la mayor parte del tiempo, mientras en la tarde levantan viviendas de cujes y pencas para reemplazar a las que al mediodía incendió una incursión enemiga.

No muy lentamente, a medida que las tropas se re-habitúan a esa forma de vida ancestral, y que los patricios y abogados son reemplazados en la dirección de la Guerra por guajiros, y mulatos y negros, el ideal de los cubanos alzados en armas se volverá más y más el de una resistencia infinita contra ya no

---

por lo menos hasta el verano de 1869 y el Golpe de Estado en La Habana contra el Capitán General Domingo Dulce y Garay por los voluntarios.

solo el poder colonial, sino incluso contra todo lo externo y que amenace esa forma de vida paradisíaca-original. Incluso contra la Cámara de Representantes o el Presidente cuándo este o aquella, por necesidades de la Guerra, quieran sacarlos de sus campamentos, de su medio, y enviarlos a pelear al Occidente civilizado.

Es de esa particular forma de hacer la Guerra Grande, a que se ven obligados los alzados de 1868, de dónde nacerá el núcleo sentimental de la ideología revolucionaria cubana[56]: Esta será por sobre todo un intento de conservar la forma de vida tradicional, *natural*, frente a la artificial de los señoritingos refinados de La Habana, o de los extranjeros *judíos*, y en consecuencia de aislar a la Isla de absolutamente todas la influencias externas, las que a la larga siempre serán interpretadas por el *revolucionario* como inexcusables interferencias en nuestra soberanía nacional.

Obsérvese que esas influencias externas, en una isla en medio del Atlántico, en una época de Modernidad Industrial, de rutinas y tiempos reglados, de laboriosidad y relaciones impersonales, en verdad solo podían amenazar a las formas primigenias, puras, autóctonas, *guanajatabeyes* de vida cubana. Esas que en un final conforman el núcleo subconsciente del ideal del revolucionario cubano. No es por tanto gratuito el que toda la región afectada por la Guerra hubiera sufrido desde varias décadas antes una eclosión de *ciboneyismo*. O sea, de una poesía en que se pretenden rescatar los sentimientos y pensamientos propios de unos ideales aborígenes pre-hispánicos, los *siboneyes*, como los originales de la Cubanidad, y los que con el tiempo habrían de formar su núcleo duro, más allá de las influencias-interferencias españolas

---

[56] El núcleo fundamental y único, porque racional, sistemático, nunca lo ha tenido, salvo a instancias del Che Guevara, un extranjero.

La idea revolucionaria-aislacionista cubana, por lo tanto, en una isla que es sin lugar a duda incapaz para la autarquía económica, y que por lo mismo requiere de economías complementarias, no puede más que de por sí resultar antieconómica. Pero lo es también por su concepción trascendentalista, *heroica*, romántica de la vida, en que no cabe a la larga preocuparse de lo cotidiano de la simple subsistencia. En que el combatiente, privilegiado con un medio paradisíaco, a la manera de los héroes de los libros, solo tiene que preocuparse de luchar contra los enemigos que pretenden robarle su forma de vida, sea por interferencia cultural, o por querer explotar comercialmente su medio.

En vista de ese ideal aislacionista, anti-cotidianista, resulta absolutamente predecible, ya desde más o menos 1873, que de triunfar alguna vez la idea revolucionaria no podría más que amenazar la subsistencia de la Nación Cubana como moderna, como conglomerado que supere a la escasa población taína que alguna vez soporto el medio isleño antes de la llegada de nuestros ancestros españoles.

Es por tanto esa tradición revolucionaria, de triunfar, la que se encargará de crear la segunda condición necesaria para que prospere el Sociolismo: Una economía de la precariedad. Lo hará al en un inicio lanzar una cruzada antiamericana, profundamente anti-cotidianista, para revertir las relaciones de hegemonía en el Hemisferio Occidental; y después, a partir de octubre de 1968, de manera más efectiva al elegir, por razones geopolíticas, echarse por completo en manos del ineficiente socialismo soviético.

Nuestro Sociolismo.

Es por lo tanto con la Revolución de Fidel Castro que ambas condiciones necesarias se encuentran y permiten el establecimiento definitivo de Nuestro Sociolismo. Aunque debe de aclararse que formas maduras y reconocibles del Socialismo ya habían tenido sus primeros amagos durante los periodos de escasez que siguieron al Crack de 1929, y sobre todo durante los regulados tiempos de la Segunda Guerra Mundial, bajo la presidencia de Batista.

Pero es solo con la Revolución de 1959, la única que se propone cumplir en serio con el ideal revolucionariezco cubano, que el centralismo absolutista del estado es plenamente recuperado, y que la escasez se convertirá en el pan nuestro de cada día (o más bien en su perenne escasez). Todo ello gracias a la confluencia de la evolución natural de las tendencias y tradiciones de la Cubanidad que hemos seguido hasta aquí, y a las necesidades geopolíticas que aconsejan adoptar las formas soviéticas para alcanzar a realizar los ideales de esas tendencias y tradiciones. Aunque obsérvese que las causas principales de la evolución que tomará la Isla a partir de ese año hito en nuestra historia son esas tendencias y tradiciones, y que en todo caso el socialismo soviético solo es un recurso que adopta la tradición revolucionariezca para realizar su ideal revolucionario.

No obstante debe señalarse que el Sociolismo solo se hará dueño definitivo del país a partir de octubre de 1968, al desaparecer en la realidad y más allá de los discursos políticos auto-racionalizadores el espíritu de cruzada que permea a la sociedad cubana *revolucionaria* durante los sesenta.

Es en medio de un país en que el estado recupera su absoluto poder de la época de la Colonia, y que en buena media se re-patrimonializa en manos de Fidel Castro desde el mismo 1959, en que el rompimiento con nuestra economía suplementaria, los EE.UU., conduce a la casi absoluta falta de todo lo más esencial[57], que las redes familiares o de amistades comienzan a actuar nuevamente a toda potencia. Tengamos en cuenta que dichas redes siempre habían sido muy poderosas en la

---

[57] Recordemos que las necesidades del presente dependen de las condiciones de vida del pasado.

personalista Cuba, y que de hecho le habían servido al cubano, tan solo treinta años antes, para sobrevivir a la Gran Depresión. Así, en los sesenta, pero sobre todo a partir de 1968, el familiar o el amigo que administra o tiene posibilidades de conseguir algo necesario, y que ya no está en los mercados, se ocupa de surtir a toda su red de relaciones personales, y a la vez establece relaciones del mismo tipo con otros administradores para intercambiar sus "productos" con los de ellos.

La posterior evolución del Estado Revolucionario, *a posteriori* de agosto-octubre de 1968, reforzará más y más el proceso. El Estado Revolucionario pierde cada vez más su anterior carácter trascendental y heroico de cruzada nacionalista compartida, no muy saludable para la mentalidad necesaria al Sociolismo, para terminar convertido en la sucursal mediante la que se defienden los intereses individuales creados, por sobre todo los intereses de quienes cabalgan sobre el poder y disfrutan de sus mieles: de los propietarios del Estado Patrimonial Castrista.

A partir de agosto-octubre de 1968, período que marca el fin definitivo de la Revolución, los ciudadanos aspirarán a entrar en las estructuras del Estado no por participar más comprometida y desinteresadamente en una obra conjunta que pretende construir un mundo diferente, sino porque solo así tendrán la posibilidad de asegurarse a sí mismos una vida superior a la media, e incluso de hacerse de una clientela propia, con las saludables consecuencias psicológicas que implica dicho estatus. El oportunismo, que siempre había estado entre los motivos que impulsaban a los individuos a ascender en las estructuras del Estado Revolucionario, se convierte a partir de octubre de 1968 en determinante y desplaza definitivamente al altruismo o el idealismo: El Sociolismo ha triunfado.

El proceso, por lo tanto, ya estaba establecido mucho antes de la desaparición del Campo Socialista y la llegada del llamado Periodo Especial. De hecho, es en la década de los ochentas que el Sociolismo tiene su época de apogeo, su momento de gloria... período cuando había mucho que robar. Sin embargo es en los noventa que sus relaciones, las *sociolistas*, sustituyen por completo a las socialistas (en la vertiente soviética), ante una realidad en que la escasez llega a alcanzar cuotas inmanejables para formas de asignación de recursos impersonales.

Desde entonces, con el consiguiente gradual retroceso del poder real de los Castro sobre la sociedad cubana, el Sociolismo entra en un lento período de transición hacia una proto-feudalización, en que los Socios al frente de las redes comienzan a distribuirse el poder que pierden los Imperantes Patrimoniales. Con el Canelato, y por tanto con la asunción del poder de un individuo que evidentemente carece tanto de carisma, como de la legitimidad de haber sido uno de los míticos y remotos edificadores del Presente, ese proceso de feudalización deberá acelerar su paso, hasta convertir al estado cubano en uno fallido, en que el poder se lo distribuyen toda una serie de mafias en conflicto constante. Algo más o menos como una mezcla entre un estado post-soviético actual, y un Méjico...

Epílogo: #SomosContinuidad.

El Sociolismo cubano no es por lo tanto el resultado de un supuesto *daño antropológico* muy reciente, provocado por la maldad infinita de Fidel Castro, quien gracias a sus artes de nigromante y apoyado por un grupo de hombres tan, o más malos que él, fue capaz de hacer involucionar a este pueblo de pobres almas seráficas desde la Arcadia en que había vivido antes de 1959 hasta el deplorable estado de cosas actual.

El sistema socio-económico-político cubano predominante durante la mayor parte del periodo revolucionario, y presente durante toda la historia de este, el Sociolismo Cubano, hunde profundamente sus raíces en nuestro pasado. Lo cual explica su enorme capacidad para resistir a todas las adversidades, para persistir inexplicablemente por años y años, ya que se asienta tanto en formas de pensar, de ver al mundo, al estado, a la actividad económica y a las relaciones interpersonales, de remoto arraigo en nuestra idiosincrasia nacional, como porque este, mediante las redes de socios ha permitido cierta filtración del poder hacia la base, o por lo menos de la cantidad y calidad de poder a que aspira el individuo promedio cubano que ha optado por quedarse en la Isla, a impulsos de su bagaje cultural.

El Sociolismo Cubano ha sido el sistema socio-económico-político real en la Cuba Revolucionaria, que ha resultado de la transacción entre de una parte Fidel Castro, sus revolucionarios, y su intento de restablecer un Estado Patrimonial al usar del método leninista (soviético), y de la otra los individuos cubanos con todo su bagaje idiosincrático, que le han impuesto a los primeros una solución de compromiso, no la que los primeros hubieran deseado. En ella el Estado Patrimonial Castrista ha tenido que consentir el saqueo de lo que ha querido convertir en propiedad absoluta suya. Aunque sin permitir que ese saqueo sirva para que ciertos individuos consigan comenzar un proceso de acumulación originaria que los capacitaría para tarde o temprano desafiar el papel central de la élite castrista[58].

Es esta transacción, y no el miedo a una innegable voluntad represiva de la élite en el poder, la que le ha asegurado al sistema cubano, Sociolista, que no Socialista, su significativa base de apoyo. Porque si bien hasta agosto-octubre de 1968 es el sentido de cruzada anti-americana compartida lo que asegura

---

[58] Hasta ahora ese equilibrio ha permitido que la élite, y sus cooptados permanezcan con las riendas del país en sus manos. Con el Canelato, como hemos visto, ese equilibrio deberá desaparecer, lo cual conducirá a la feudalización del poder, y a que el estado retroceda a la categoría de fallido.

la fortaleza del régimen castrista, *a posteriori* lo es en esencia la naturaleza de la *transacción sociolista*[59].

Aceptar esta verdad es el primer paso efectivo para cambiarla.

---

[59] Aunque el espíritu de cruzada compartida también permanece. Por lo menos hasta 2006 en que el brujo publicista Fidel Castro desaparece de la esfera pública, y en su lugar es reemplazado por tipos de revolucionarios anodinos, incapaces de mantener en uso ese espíritu para la afirmación de su posición privilegiada.

Una pelea cubana contra los demonios del burocratismo

Dos factores subjetivos explican el camino seguido por el proceso cubano de construcción del socialismo en los sesenta: Sin lugar a dudas uno de ellos es la evidente necesidad personal de Fidel Castro de convertirse en el Dios Supremo de un Panteón Revolucionario; pero por sobre todo lo es el universo de ideas, supuestos y creencias: la mentalidad del pueblo cubano de entonces.

Es ineludible resaltar esa verdad ante las visiones que de manera simplista dejan en un muy limitado número de manos la responsabilidad de lo ocurrido en Cuba: Si en la cultura del pueblo cubano, y no solo en su cultura política, no hubiesen existido condiciones propicias para el ascenso de un Fidel Castro, si no hubiesen existido los mecanismos mentales legitimadores, este señor nunca hubiera conseguido realizar lo que evidentemente deseaba y sobre todo necesitaba, por su muy particular psicología, desde sus tiempos de gánster universitario.

En las líneas que siguen mostraremos a esas precondiciones culturales conformar el devenir cubano de los últimos 60 años. Para ello nos concentraremos en una de las vías por la cual la cultura, las ideas y creencias del pueblo cubano contribuyeron al ascenso de Fidel Castro a la condición de Dios Supremo del Panteón Revolucionario Cubano.

Nos ocuparemos de la relaciones de la Revolución Cubana con la burocracia. Esa institución establecida en la Modernidad, aunque con claros antecedentes en el Estado Romano, para administrar de modo impersonal la vida cotidiana de las sociedades modernas.

La actitud cubana revolucionaria en los sesentas ante la burocracia e s determinada por dos precondiciones: la experiencia soviética con su excesiva burocratización, fenómeno que se quiere evitar; pero más que nada la tendencia del cubano, cuando vive entre cubanos, a permanecer en un estado mental de pachanga constante. Por sobre todo su sublimación política, el estado mental revolucionario, el cual es el responsable principal a partir de cierto momento (1873) de esa crónica incapacidad de los cubanos, como grupo, para ajustarse a los cánones de una sociedad moderna.

El camino de la trascendencia revolucionaria.

Además de la reticencia ante la burocracia heredada de la crítica comunista a lo ocurrido en la URSS, en el cubano de a pie existe una marcada sospecha ante todo lo impersonal[60], y en el de algunos aires intelectuales una aversión por lo cotidiano algo más marcada de lo habitual para esta capa social. Sospecha y aversión que en los tiempos revolucionarios que corren a partir de 1959 los llevará a unos y otros a desconfiar por partida doble de una institución humana que existe en la Modernidad para administrar lo cotidiano de manera impersonal.

Para el cubano, excepto para ciertas capas urbanas *americanizadas* que serán en esencia las que pronto se opongan a la Revolución, las *auténticas* relaciones entre seres humanos siempre tienen que ser personales. No debe de admirarnos por tanto que el cubano promedio no pudiera identificar a cualquier burocracia más que como una de las principales sospechosas de oponerse al proceso populista inaugurado en 1959.

---

[60] Sobre la distinción entre lo personal y lo impersonal ver nota al pie 33, del ensayo anterior.

Por su parte, para el cubano con aires intelectuales (basta una leve brisa), para quien lo reglado, lo sometido a programa, lo exhaustivo… era y es aún hoy una completa anormalidad, lo cotidiano contrario a la vida, y la más primitiva y basta espontaneidad la única actitud digna de reconocimiento, los exaltados tiempos revolucionarios lo llevan un paso más allá: hasta adjudicarle a la burocracia el papel de principal enemigo interno, de quintacolumna.

Es al dejarse llevar por semejante idiosincrasia nacional que el proceso revolucionario cubano, en el intento de solucionar el problema de la burocratización, no tarda también en sentir él mismo suspicacia ante lo impersonal y lo cotidiano. Una vez más los cubanos o no llegaremos, o nos pasaremos, en este caso lo último, ya que la solución escogida para resolver el problema será re-personalizar de modo absoluto todas las relaciones humanas[61], y sobre todo crear un nuevo ser humano que viva en una constante y anti-cotidianista epopeya revolucionaria.

Siempre según aquella serie de editoriales que Granma publicara a principios de 1966, recopilados más tarde en la revista Bohemia bajo el título de *La Lucha contra el Burocratismo: Tarea Decisiva*, la solución a que "…mientras permanezca el Estado como institución y mientras la organización administrativa y política no sea, plenamente, de tipo comunista, existirá el peligro de que se vaya formando una capa especial de ciudadanos en el seno del aparato burocrático, administrativo y de dirección", solo puede consistir en la promoción, "…el desarrollo de un hombre nuevo, con una conciencia y una actitud nuevas ante la vida…"

---

[61] El Sociolismo Cubano, o el sistema socio-económico-político que resulta de esa re-personalización espontánea, lo hemos tratado en el ensayo anterior.

En concreto el desarrollo de un individuo constantemente concentrado en la edificación del comunismo, dispuesto a la "entrega total a la causa revolucionaria", a "actos de valor y sacrificio excepcionales por ella", y que perpetúe "en la vida cotidiana esa actitud heroica": Un revolucionario a tiempo completo, un Tábano de la conocida novela romántica. En fin, una mujer o un hombre que no viva en lo rutinario, sino en lo trascendente: **un asceta revolucionario**.

Este énfasis más que en lo cotidiano en lo trascendente, sin embargo, no provocará el advenimiento de un hombre nuevo socialista, y mucho menos el estado de participación constante, por parte de todos, que esperaban los editorialistas, sino que por el contrario llevará a la sociedad cubana a las antípodas de toda sociedad cotidianista e impersonal: a convertirse en una basada completamente en el carisma, y por tanto unificada alrededor de un imperante carismático.

La realidad es que la autodisciplina, la insomne vigilancia de sí mismo, de sus acciones y hasta de sus pensamientos que todo ascetismo implica, genera un esfuerzo psíquico descomunal, asumible solo por unos pocos individuos. Consecuentemente la diferencia natural de aptitudes humanas para los esfuerzos psíquicos, o para el mantenimiento de la atención, tenderá a polarizar a la sociedad, a reproducir dentro de ella las previas desigualdades en la distribución de poder, desfigurando lo que en sus inicios, y al menos en teoría, era sin dudas un intento igualitarista.

Así, mientras los ascetas verdaderos sienten de manera continuada la exaltada *gracia revolucionaria* en su interior, alcanzada gracias a haber cumplido, por propia voluntad, con determinadas normas y principios que a su vez han aceptado solo tras someterlos a su particular criterio, las inmensas mayorías o no pueden, o están demasiado apegadas a lo mundano como para alcanzar tal estado. Imbuidas en las agobiantes necesidades cotidianas, no es en sí que carezcan de la cultura o de la inteligencia necesarias para aspirar a tener un criterio propio, sino sobre todo de tiempo liberado de las necesidades cotidianas de subsistencia para buscar en su transcurso las normas y los principios que les permitan disciplinar sus vidas, en el camino de auto perfeccionamiento constante que es todo ascetismo.

Ellos solo podrán abandonar lo cotidiano intermitentemente, sobre todo en *La Plaza*, en el gran acto místerico de las *concentraciones*, so riesgo de morirse de hambre o sufrir un colapso nervioso.

En consecuencia, esas normas y principios mencionados los tomaran de fuera, ya hechos, de una entidad en cuyo criterio, voluntad e intenciones creerán por fe.

En esta particular sociedad de revolucionarios, fundada sobre lo heroico y lo trascendental, el elegido será quien tenga el carisma para hacerlos sentirse a ellos también, de cuando en cuando, trascendentes, supra-históricos: Como ya dijimos en *La Plaza*, en medio de las *concentraciones*, cuando el calor, el sol tropical a plano, la falta de oxígeno, la imposibilidad incluso de volverse o de amarrarse los cordones de los zapatos en medio de la multitud, y sobre todo *sus palabras* en torrente que llegan desde todas la direcciones posibles, retransmitidas por mil altavoces… todo ello ayude a establecer esa unión mística entre líder y pueblo de que nos habla más de un observador contemporáneo.

Es evidente que con semejante y mayoritaria relación basada en la fe dentro de la sociedad que se quiso igualitaria, al menos entre los revolucionarios, pronto ocurrirá un desequilibrio de poder entre los mismos ascetas verdaderos en favor del *elegido*. Más temprano que tarde, independientemente de si es un santo real o solo un charlatán, la fe mayoritaria fija en él lo ensoberbece; si es que él mismo no lo estaba de antes, como es sin lugar a dudas el caso de Fidel Castro desde su más tierna niñez. Si las grandes mayorías lo siguen, si las grandes mayorías se abandonan a su criterio, no pueden caber dudas de su monopolio de la verdad. Solo él sabe lo que debe hacerse; solo él tiene la claridad; solo él conoce el camino correcto. En consecuencia es su deber concentrar en sus manos el poder para evitar el error; incluso en los más nimios detalles. Pronto cualquier norma o principio asumido por otro criterio que no sea el suyo pone en peligro la magna obra que la mayoría de los revolucionarios han echado sobre sus hombros; un desafío malintencionado o en el mejor de los casos miope, que no puede permitirse "ni por un tantico así". Y en el rechazo de tales "autosuficiencias" de los demás ascetas verdaderos las mayorías no solo apoyan al elegido por su fe en él: Para ellas la independencia de criterio de los demás ascetas es también una humillación, un molesto recordatorio de su falta de él, o de voluntad para obrar a su dictado.

Habrá llegado, por tanto, la hora en que Saturno devora a sus hijos: La Revolución, que pretendía evitar con sus caminos trascendentalistas el caer en los mismos "errores" que la burocratizada URSS, devora a los demás ascetas revolucionarios. En el nuevo escenario para ellos solo quedaran dos opciones: o abandonar el ascetismo y convertirse al *revolucionarismo* por fe, aunque claro, desde la siempre favorable posición del miembro secundario del Panteón (del *santoral revolucionario*, en propiedad); o no transigir, lo que significa la excomunión y el martirio, y siempre la rebaja a la categoría de concreción del *Mal Contrarrevolucionario* en los imaginarios de las grandes mayorías.

De este modo lo que aparentaba ser una solución democrática a la manifiesta falta de libertad del socialismo leninista soviético, una unión de heroicos y extra-cotidianos hombres nuevos iguales entre sí, participativos a tiempo completo mediante relaciones para nada impersonales, se convierte, debido a la naturaleza humana, de la que las grandes mayorías atrapadas en sus urgencias cotidianas no pueden escapar, en el imperio de uno solo: El Imperante Carismático.

En un socialismo en el que las grandes mayorías no ejercen el poder real no porque se los impida la burocracia elevada a la categoría de nueva clase explotadora, sino por algo todavía peor: Porque simplemente ni se creen capaces, ni tampoco lo hayan necesario, al compararse con el Trascendente y Personal objeto de su fe, de su fidelidad.

Un modo más eficiente que el leninista de retrotraer a lo pre-moderno la sociedad en cuestión, y de mantenerla allí, y al cual se ha llegado al cuestionar el papel de la burocracia en el socialismo soviético, aunque al trabajar con una arcilla humana dotada de un determinado bagaje cultural favorable a amoldarse a formas trascendentalistas y personales del trato social.

El renacer pseudo-burocrático.

No obstante, por la misma razón que la élite leninista soviética se viera obligada a poner la administración del estado en manos de la burocracia, más temprano que tarde el Imperante Carismático cubano tendrá también que hacer algo parecido. El deseo de sobrevivir como Imperante, en medio de un mundo al cual se lo moderniza desde centros de poder situados más allá de las costas de la Isla, obligará a este a echar mano de algunas de las novedades de la Modernidad para conseguir cierta eficiencia de *su* estado; las cuales novedades le permitan enfrentar esos intentos externos por arrastrar a la sociedad cubana en una dirección que no es precisamente la que conviene a sus ansias de poder. Fidel Castro necesitará enfrentar a unos americanos no muy conformes con sus sueños megalomaníacos, y para ello tendrá que adoptar las novedosas estructuras burocráticas que en los Tiempos Modernos imperan dentro del ejército y de los servicios de seguridad; pero también necesitará una economía moderna, ya que dada su situación geográfica no puede simplemente llevarse a toda la sociedad cubana a los campos, a imitación de los Khmer Rojos, y esa economía moderna, al administrarse de modo socialista lo obligará ya no solo a crear una burocracia, sino a hacerla cada vez mayor[62].

Pero lo real es que no hay tal regreso de la burocracia. Y es que si se observa, la burocracia revolucionaria cubana no cumple con ninguno de los caracteres típicos que según Weber debe poseer una que merezca el nombre de tal, y sí con los del cuadro administrativo de un régimen patrimonial pre-moderno.

Lo que al presente llamamos burocracia en Cuba, o sea, el cuadro administrativo castrista, es en primerísimo lugar cualquier cosa menos impersonal. De hecho en la Cuba de Fidel, de Raúl, y quizás ahora con mayor razón bajo el Canelato, tenemos un sobrenombre muy particular para el tipo de sociedad que definen las relaciones personales preferidas por su cuadro administrativo: *Sociolismo*, el socialismo de los compadres, en que los cargos no son asignados por las competencias individuales, sino por la incondicionalidad hacia el Panteón Revolucionario, y por las relaciones personales de los pretendientes.

Unos cargos que por demás no tienen una remuneración efectiva estable, sino que dependen por sobre todo de lo que se pueda "resolver" por quien los ocupa. Ya que aunque absolutamente todos los burócratas cubanos cobran un sueldo mensual, la realidad es que con el mismo no pueden atender a las necesidades básicas de sus familias incluso ni durante una semana del mes. Lo que los obliga a echar mano del robo y de la sisa para conseguirlo. Y aclaramos que al hablar de lo que se pueda "resolver" no nos referimos solo a lo que se obtenga a resultas del cargo que se ocupa en cuestión, sino y sobre todo del complejo entramado de relaciones de compadreo que en definitiva conforman la verdadera estructura de la "burocracia

---

[62] Ya unos cuantos años antes de octubre de 1917 y el triunfo bolchevique, Max Weber había predicho que en caso de triunfar, el socialismo no podría más que multiplicar la burocracia.

cubana", y que la definen como "cuadro administrativo sociolista".

O sea, que a la manera de cualquier cuadro administrativo patrimonial o feudal, la "burocracia" cubana vive de explotar sus cargos. Y esto es válido tanto para el Ministro o el jefe de departamento en una institución nacional, como para la funcionaria que se ocupa de organizar la actividad de los médicos y sus interacciones con el público en cualquier policlínico de barrio.

En cuanto a su conocimiento de la actividad que se ocupa de controlar, debe admitirse que a diferencia del alemán de los tiempos de Weber, el burócrata cubano quizás sea el individuo con relaciones directas con la dicha actividad que más a oscuras anda respecto a ella. Esto, más que un tópico humorístico, fue una amarga realidad en la Cuba de Fidel, y lo es también ahora en la que se declara su Continuidad.

Pero además, y esto es sumamente importante, en el socialismo cubano la función primordial de la burocracia no consiste en administrar la actividad cotidiana del país. En el Socialismo de pleno empleo cubano, sostenido por una economía históricamente débil en lo estructural, en que la capacidad de empleo real ha estado siempre muy limitada, la burocracia es por sobre todo un recurso para conseguirle acomodo laboral a un enorme por ciento de la población del país.

Este uso de la burocracia no solo como medio controlador, sino como destino en que controlar, provoca su hipertrofia, lo que a su vez coopera en la catastrófica caída de su eficiencia en el cumplimiento de sus funciones, a resultas de la conocida Ley de los rendimientos decrecientes.

Finalmente, tampoco puede decirse que haya mucho de racionalidad en los principios por los que se rige la administración de la burocracia cubana, o de carácter rutinario en el tratamiento de sus asuntos. En Cuba la administración se rige no por planes y estudios cuidadosos de la realidad, sino por metas y consignas, por voliciones y evoluciones estomacales de cualquiera situado en una posición de poder, sin más conocimiento de la actividad en cuestión que el de lo imperioso de "triunfar y vencer".

Y es que en Cuba, al menos para los que mandan y para las hipertrofiadas intelectualidades que se ocupan de legitimar ese mandato, la actividad económica nunca es tomada como lo que es, una actividad cotidiana y rutinaria, sino como una heroica, homérica. De aquí el carácter *a-económico* del sistema cubano, reñido necesariamente con el funcionamiento de cualquier verdadera burocracia.

La imprescindible cabeza de turco.

Pero la pseudo-burocracia no solo servirá en Cuba para permitir cierto grado, minúsculo no obstante, de racionalidad en la administración del estado, la sociedad y la economía, o para buscarle acomodo a la mayoría de la población laboral del país. Además será útil como chivo expiatorio. Ya establecido el endiosamiento, la lucha contra el burocratismo también servirá para mantener impoluto al Panteón Revolucionario *ad aeternas*, al pasar sus muchas culpas, errores, disparates, e injusticias y violencias sobre los hombros de los malvados burócratas (Si Fidel supiera…). Por lo que pronto se convierte en un imperativo para la sobrevivencia del régimen el apoyar sino el resurgimiento de la burocracia, al menos del remedo patrimonial-feudal suyo, *sociolista*, que ha administrado la vida cubana durante los últimos 50 años de castrismo, y al presente de post-castrismo.

La clave del asunto estará en que en la Cuba posterior a 1970 será siempre la burocracia la que cargue con la responsabilidad por los platos rotos. En realidad, es ella no tanto el chivo expiatorio de que se valen el Dios supremo del Panteón Revolucionario y sus Santos Subsidiarios para desviar la atención de sus errores abundantes y sobre todo de la particular estructura del socialismo cubano, piramidal, autocrático (incluso cabe decir hasta teocrático), sino que es por sobre todo el recurso del que se valen tanto los ciudadanos comunes como la intelectualidad para eludir el bulto de criticar lo que en realidad deberían. Para autocensurarse sin necesidad de avergonzarse por ello.

Jugar con la cadena, pero no con el mono, decimos en Cuba, para denominar a esa actitud de dudosa ética adoptada por todos, pero sobre todo en el caso de los intelectuales orgánicos, dizques contestatarios. Actitud que le permite a Caínes... y Abeles, disfrutar de una vida pasable allí donde no existe verdadera libertad de pensamiento, mientras a un tiempo se simula no tener pelos en la lengua.

Mas aclaramos que en justicia no hay solo temor y oportunismo detrás de esa actitud. Como ya hemos visto, en buena medida, y no solo para los formadores de opinión, en Cuba la píldora del autocratismo es tragable porque entre los cubanos aún se ve a lo impersonal y rutinario como lo repulsivo, y a lo heroico, extra-cotidiano, lo personal, al carisma sin contrapesos racionales, como lo más aconsejable para una buena y valedera convivencia social.

Algo que, aunque en niveles menos tóxicos, ocurre en cualquier otra sociedad. Ya que muy raramente se encuentra a un pensador, un artista o un académico que alguna vez haya tenido que ver con una empresa económica real, o que haya puesto sus pies en una administración, para algo más que mirar a su alrededor por encima del hombro.

En definitiva la burocracia, o su remedo sociolista, pronto renacida tras el final de los años heroicos, exaltados e irracionales de las postrimerías de los sesentas, e indudablemente por necesidades de sobrevivencia de quien manda, cargará una y otra vez con las culpas en la Cuba de Fidel. Hasta el punto de que algunos grupos de pensamiento no tardarán en desempolvar, sobre todo desde mediados de los ochentas, la añeja idea de muchos leninistas apartados del poder por Stalin y que en sí había estado en la base de la vía cubana al socialismo: Aquella de que el socialismo no requiere de una burocracia, que esta es en sí un fenómeno privativo del Capitalismo y una de las malas herencias suyas con que puede llegar a cargar. Una institución burguesa, a la cual solo pueden tener por imprescindibles intelectuales burgueses como Max Weber.

Fidel Casiano Castro Ruz, o la refundación del anexionismo

Para mi Madre, que tantos trabajos ha pasado bajo su dilatada tiranía, Fidel Castro ha sido candil de la calle y oscuridad de la casa.

Aunque no creo que ni afuera ni adentro de las fronteras cubanas este señor haya iluminado algún novedoso camino para la humanidad, debo admitir que algo de verdad hay en semejante visión de su papel en la historia. Más que con médicos o maestros, Fidel Castro les ha prestado un invaluable servicio a los latinoamericanos al comportarse como esos guapetones de aula que practican el deporte de atraer sobre ellos las iras del maestro. Muchos países en Latinoamérica, si no todos, se han beneficiado en algún momento de ese papel asumido por la Cuba de Fidel frente a Washington. Para ello solo había que permanecer sentado en el pupitre y poner de paso cara de explotada ovejita hemisférica, mientras el díscolo muchachón caribeño asumía la defensa de sus derechos con igual o mayor fervor que si hubieran sido propios.

Mas incluso en este papel el mérito no es de Fidel Castro en sí. Es incuestionable que ha sido él el primer y único gobernante latinoamericano que ha desafiado en serio la hegemonía hemisférica de los EE. UU. Pero si ha conseguido ser tal se lo debe no a otra razón que a la afortunada circunstancia de haber nacido en Cuba. En definitiva, el único mérito del revolucionario Fidel Castro ha sido el haberse dejado arrastrar por la explosión de nacionalismo expansivo que vivía este pueblo de extremos a mediados del siglo XX.

No obstante, ya sea como impulsor o como alguien que simplemente se dejaba arrastrar, es indiscutible que Fidel Castro ha resultado en tinieblas tupidas para Cuba. Es tan así, que solo el capitán general Valeriano Weyler ha sido tan nefasto para Cuba, como a la larga resultó este vástago de uno de los soldaditos que España envío acá para luchar contra el deseo de nuestros ancestros de ser libres e independientes.

Por ejemplo, su negativa a actuar como un político, o sea, con responsabilidad, puso al país al borde del abismo durante la Crisis de los Misiles de octubre de 1962.

Si admira y enorgullece la entereza con que el pueblo cubano enfrentó la amenaza de un holocausto nuclear; a la vez asusta y antipatiza el modo en que su mandatario lo arrastraba obstinadamente hacia él. Y es que al no encauzar por caminos realistas la explosión de energía vital cubana de mediados del siglo XX, Fidel Castro se comportó no como un héroe, sino como una enorme desgracia para sus compatriotas. Quizás la más grande que alguna vez nos haya tocado sufrir.

Al asumir el poder en 1959 Fidel Castro encontró un país que necesitaba hallar una nueva base económica que le asegurara el nivel de prosperidad que la anterior y ya inefectiva le había proporcionado, con sus altibajos, por más de un siglo.

Desde más o menos 1926 el modelo económico cubano, basado en la producción y exportación de ingentes cantidades de azúcar sin refinar, se hallaba en crisis. Era tal la magnitud de la misma que desde aquel año no se realizaron inversiones productivas en la agroindustria azucarera, y a pesar de la voluntad general de la nación por mejorar las condiciones de vida de todos sus miembros resultó imposible hacerlo en el caso de los asalariados agrícolas: Como se comprobaría en los sesentas era absolutamente insostenible aumentar los salarios de los macheteros, los cortadores de caña manuales, sin a la vez hacer irrentable toda la agroindustria azucarera.

Después de conseguida la plena soberanía nacional a raíz de la Revolución del 30, era el reencarrilar a Cuba por los caminos de la prosperidad el fundamental deber de los nuevos gobernantes.

Sin embargo, Fidel Castro en su casi medio siglo de gobierno no hizo nada realista al respecto. Con su absoluta incapacidad para conseguir advertir lo complejo y no lineal de los problemas económicos, siempre pensó que, como en cualquier finca feudal en su Birán natal, bastaba la voluntad omnímoda del dueño para echar adelante una economía moderna de las para nada despreciables dimensiones de la cubana de entonces. Finalmente, su solución no fue la de convertir a la agroindustria azucarera en un moderno complejo sucro-químico, como en los inicios de los sesenta soñó Ernesto Guevara. Fidel Castro, patológicamente incapaz de hacer algo bien en economía, decidió poner en explotación ese otro campo que tan bien parecía dársele: la política. Si de algo ha vivido la Cuba de Fidel, al menos desde el 23 de diciembre de 1972 hasta ahora, ha sido de la explotación económica de un cada vez que convenía más o menos exacerbado diferendo con los EE.UU. ¿Cómo?, pues presentándosele como el aliado ideal a todo aquel que, en un mundo bastante repleto de personajes semejantes, les tuviera alguna cuenta guardada a los americanos.

Pero al no solucionar el principal problema económico solo exacerbó el principal peligro para la nación que se desprendía de aquel.

La falta de una base económica no precaria que asegurara niveles de prosperidad creíbles, en una nación que ya antes los había disfrutado bastante altos, unida a la extrema vecindad y fácil comunicación con los EE.UU., ponía a la Cuba de los cincuentas en la misma situación de un planeta pequeño que al acercase demasiado a uno súper masivo termina hecho pedazos, y sus desechos devorados por el gigante. Resultaba ya en esos años claro que de no dársele solución al problema de la base económica la nación se enfrentaría en los sesenta y setentas a un masivo éxodo de cubanos hacia los EE.UU. Porque sin las perspectivas de un trabajo que asegurase el nivel de prosperidad de sus abuelos, o que al menos se comparara al de los vecinos del sur de la Unión, no cabían dudas de que muchos cubanos habrían terminado por marcharse con sus familias a los EE.UU.

En el horizonte, incluso, cabía temer la posibilidad de que resurgieran las hasta entonces superadas tendencias anexionistas.

Ya bien afirmado en el poder, en un complejo proceso de retroalimentación, Fidel Castro exacerbó las diferencias internas más y más, en la misma medida en que un cada vez mayor contingente humano era obligado a seguir la que ya en los cincuenta era una tendencia natural de movimiento para los cubanos. Hacia 1965 un décimo de la población había emigrado en lo fundamental a los EE.UU. Este décimo significaba un capital humano del que muy pocas naciones del mundo de la época hubieran podido hacer gala. Empresarios, médicos, técnicos, artistas y en general un contingente de personas con los valores, habilidades y conocimientos necesarios para construir una sociedad moderna y próspera.

Luego de deshacerse del sector de la población menos afín a su autoritarismo absoluto, Fidel Castro estableció un completo control sobre los movimientos de los ciudadanos que quedaron. Cualquiera, incluso el más humilde vendedor de pirulís, sin ningún conocimiento o habilidad especial para el desarrollo nacional, dependía para emigrar de la autorización expresa de las autoridades castristas.

Y en un primer momento conseguirla era casi imposible, al menos hasta los ochenta. Ya que a partir de esa década Fidel Castro, por una coincidencia de muchos factores, debió relajar cada vez más su política migratoria. La razón principal era el malestar en aumento.

Si bien en un primer momento se había librado de los elementos menos sumisos, bajo su gobierno se había creado poco a poco un sector técnico y profesional exagerado para las realidades de la Isla. Un amplio sector que no encontraba posibilidades de realización personal en un país que primero vivió el gradual retroceso de la ayuda soviética, y más tarde su desaparición total.

Una extensa nueva oposición se barruntaba en el horizonte, ante la que se podría apelar a la violencia, aunque de seguro sin los resultados esperados, porque ya el contexto internacional no se prestaba para ello, o por otra parte se podía echar mano del viejo recurso de abrir las llaves de la emigración. Esta se convirtió así en el sucedáneo cubano del GULAG soviético. Quienes no estuvieran a bien en Su Cuba, la de Fidel, podían emigrar, o por lo menos les quedaba la esperanza de poder hacerlo en algún momento futuro, lo que los disuadía de atreverse a intentar cambiar al país a contrapelo suyo y de su eficiente policía secreta.

Del resultado de la total politización de la vida de la nación cubana se pudo hacer balance a partir del 31 de julio de 2006: El día en que aun sin saberlo él mismo, Fidel Castro abandonaba el poder para siempre.

Para entonces Cuba seguía (y sigue) sin una base económica, no ya semejante a la anterior a 1926 en cuanto al nivel de prosperidad asegurado, sino incluso una que brinde alguna posibilidad de algo más que la sobrevivencia a la absoluta mayoría del pueblo cubano. Aun la agroindustria azucarera, con un respetable capital de conocimientos acumulado en más de dos siglos de evolución y con tantas posibilidades en los nuevos tiempos, fue eliminada de a cuajo por Fidel Castro en 2002. Pretendía con ello, al parecer, evitar que a su salida del poder alguien se atreviera a intentar explotar su capacidad de producción de biocombustibles.

Pero es en la exacerbación del ya referido peligro para la supervivencia de la nación en los cincuenta: la falta de una base económica no precaria, en donde descubrimos el más tenebroso legado del medio siglo de gobierno absolutista de Fidel Castro. Lo que paradójicamente resalta todavía más porque Fidel Castro siempre presentó a ese absolutismo suyo como indispensable para la sobrevivencia de la "Patria".

El Fidelato ha promovido el deseo de escapar de la Isla a tal escala que hoy, a pesar de las enormes dificultades para hacerlo, casi una cuarta parte de los cubanos residen fuera de Cuba.

Mas en esta proporción no reside todavía el principal problema, sino en el particular patrón que ha asumido el fenómeno migratorio cubano. Si en una Cuba democrática hubiese cabido que como en México emigraran algunos de los altísimamente preparados, y el flujo casi total hubiera estado constituido por los de peor preparación, con menos iniciativa y dotados de valores antagónicos para integrarse a una sociedad tan sofisticada como la contemporánea, en la Cuba de Fidel no ha ocurrido de esa manera.

De una Cuba en que la iniciativa era una cualidad altamente sospechosa, y por lo tanto bajo vigilancia estrecha de la policía secreta, han emigrado necesariamente los mejor preparados, los más activos, los menos dados a respetar criterios de autoridad. O sea, el problema no es que los emigrados hayan sido un cuarto de la población, sino que ese cuarto ha sido seleccionado sistemáticamente de modo que ha despojado a la nación de sus miembros más aptos para echarla adelante y conducirla a un futuro de prosperidad, y de orden... democrático, claro.

Al mantenerse, e incluso intensificarse ese patrón de emigración tras la salida del poder de Fidel Castro, no resulta tan fantasioso suponer que en un futuro próximo veamos a Cuba convertida en la nación más atrasada y pobre de todo el hemisferio occidental. Posición de la cual no está lejos al presente, a pesar de que en 1959 esta misma sociedad solo cedía ante la americana y la canadiense, y se equiparaba a la argentina y la uruguaya.

Ha sido en un final tan grande el daño que ha causado Fidel Castro a la nación, que lo que en los cincuenta eran solo barruntos en el horizonte hoy se ha convertido en una fuerte corriente de opinión furtiva que, aunque no llega a ser asumida abiertamente por casi nadie en público, sostiene que la única salida para el problema de tener un país sin base económica está en anexar la Isla a los EE.UU.

Esa corriente, expresada solo en privado, se mantiene en estado latente solo por el hecho de que la propaganda castrista aún logra tener alguna eficiencia en la promoción del nacionalismo. Sin embargo, es de esperar que un nacionalismo sin base económica, o en que las remesas de quienes emigran a los EE.UU. ocupan rápidamente ese papel, terminará por perder cualquier prestigio ante los cubanos de a pie.

El principal legado de Fidel Castro es precisamente este: Nunca antes los cubanos hemos tenido menos confianza en nosotros mismos, y consecuentemente como nunca antes la idea anexionista ha tenido tantos seguidores.

El principal legado de Fidel Casiano Castro Ruz, el nombre con que lo inscribieran sus padres, de hecho ha sido revivir el anexionismo, convertirlo casi en la única salida abierta hoy ante la Nación Cubana. Significativo, si recordamos que más o menos el mismo legado dejaba atrás Miguel Tacón y Rosique, al dejar el Palacio de los Capitanes Generales, en 1838…

Made in the USA
Columbia, SC
06 May 2025